믿음을 의심하다

노진준 목사의 믿고 듣는 믿음 강의

믿음을 의심하다

지은이 | 노진준
초판 발행 | 2020. 2. 19
6쇄 발행 | 2025. 2. 26
등록번호 | 제1988-000080호
등록된 곳 | 서울특별시 용산구 서빙고로 65길 38
발행처 | 사단법인 두란노서원
영업부 | 2078-3333   FAX | 080-749-3705
출판부 | 2078-3331

책값은 뒤표지에 있습니다.
ISBN 978-89-531-3677-9 03230

독자의 의견을 기다립니다.
tpress@duranno.com   www.duranno.com

＊ 본문에 사용된 성경은 개역개정임을 밝힙니다.

믿음을 의심하다

노진준 목사의
믿고 듣는
믿음 강의

노진준 지음

40th
두란노

1부

믿음은 왜 필요한가

~~~~~~~~~~~~~~~~~~~

서문

'믿음'은 많은 사람에게 힘과 용기를 주는 단어이고 거의
모든 사람이 일상생활에서 사용하고 있는 익숙한 단어입
니다. 특히 교회에서는 아마도 한 주도 빼놓지 않고 매주
듣는 단어일 것입니다. 거의 모든 추상명사의 공통된 특
징이기는 하지만, 믿음이라는 추상명사도 일상에서 자주
사용하다 보면 마치 모든 사람이 같은 개념으로 같은 것
을 묘사하는 보통명사처럼 착각하기 쉽습니다.

일반적으로 신학에서는 믿음을 말할 때 지적 동의로
서의 믿음, 확신과 소신으로서의 믿음, 그리고 신뢰로서
의 믿음을 말합니다. 하지만 믿음이라는 것은 조금 더 세
분화될 필요가 있다 싶을 만큼 그 개념이 애매하고, 널리
사용되는 만큼 이해의 범주가 넓다는 점을 인정하는 일
은 대단히 중요합니다.

알리스터 맥그래스(Alister McGrath)는 《지성의 제자도》

(죠이선교회, 2019)에서 신앙과 믿음에 관해 언급하면서 신앙(Faith)이란 '누구를 신뢰하는가' 하는 관계적인 것이고, 믿음(Belief)이란 '나는 무엇을 생각하고 있는가' 하는 사상적인 것이라고 말했습니다. 그럼으로써 마치 신앙은 대상에 관한 것이고, 믿음은 자신의 마음의 상태에 관한 것으로 구분하려고 했습니다.

우리는 교회에서 이 모든 것을 믿음이라는 말로 일괄되게 사용하는 경향이 있기 때문에 이 구분조차도 애매합니다. 하지만 믿음에 대한 이해의 차이에서 비롯되는 괴리감은 분명히 존재합니다.

정말 넓은 스펙트럼을 가지고 있는 믿음에 관해 논한다는 것 자체가 어쩌면 상당히 무모한 일일 수 있겠다 싶습니다. 우리는 다 믿고 있지만 누가 "믿는 게 뭔데요?"라고 단순한 질문만 해도 제대로 설명할 수 없어서 설명하

려고 하면 할수록 스스로 더 혼란스러워져서 당황하게
됩니다. 그래서 찰스 스펄전(Charles Haddon Spurgeon)도 이
렇게 말했나 봅니다. "믿음을 설명하기가 쉽다고 생각할
지 모른다. 사실이다. 하지만 당신의 설명으로 사람들을
더 혼동시키는 일은 더 쉬운 일이다"(*What is Faith?*, Chicago,
1987).

"그냥 믿어요. 믿음이란 그런 거예요"라는 가장 못마
땅해 보이는 답이 답을 찾아 헤매다가 이르게 되는 정답
이라도 되는 것처럼, 늘 제자리로 돌아가는 듯한 역설이
믿음에 있습니다. 아들을 고치기 위해 주님을 찾아왔던
아버지가 한 말, "내가 믿으니 나의 믿음을 도와주소서"라
는 확신과 모호함의 역설이 우리 안에 있습니다.

의심 없이 믿어야 할 것 같으면서도 지나치게 단순화
시켜 놓고 마치 심오한 진리를 다 깨닫기라도 한 듯이 자

신 있게 믿는다고 말하는 데서 느끼는 지적, 윤리적 거만에 대한 거부감이 우리 안에 있습니다. 긴장에 익숙하지 않은 현대인들로서는 전도자이면서 구도자일 수밖에 없는 긴장을 유지하는 일에 믿음은 오히려 장애가 되는 것처럼 여겨지기도 합니다.

목회를 하면서 믿음에 관해 참 많은 질문을 받았습니다. 목회를 마감하고 난 이 시점에서 "그 많은 질문을 붙들고 씨름해서 답을 찾았고, 답을 이렇게 정리했습니다"라고 말할 수 있으면 좋겠습니다. 그런데 돌아보면 답이 짧았다는 생각뿐이고, 지금도 잘 모르겠다는 고백뿐입니다. 그나마 위로가 되는 것은 답을 모르는 게 당연하다는 핑계 아닌 핑계입니다.

하나님이 제가 궁금해하는 것을 충분히 계시하시지 않았을 뿐만 아니라, 계시하신 것조차 변변히 알 능력이 제게 없어 신뢰한다고 하는 하나님에 관해서도 아는 것이 많지 않고, 저의 심리적 상태, 관계적 확신조차도 선명한 것이 없습니다. 그러니 "믿음이란 무엇일까?"라는 질문에 꼬리를 물고 끝도 없이 쏟아지는 질문들에 답을 할 수 없었음은 당연한 일일 겁니다.

본서는 이러한 질문들에 대한 명쾌한 답을 제시하는 것이 아니라 제가 받았던 질문에 저의 고민을 담아 독자들에게 다시 드리는 질문들입니다. 비슷한 고민을 가지고 있는 믿음의 가족들이 있다면 이 질문들을 가지고 함께 나누며 더 넓은 하나님의 영역으로 지경을 확장해 가기를 바라는 마음으로 드리는 질문들이기도 합니다. 결국 믿음의 주체가 하나님이시고 믿음을 주시는 이도 하나님이시라면 제가 이 질문들을 여러분과 나누며 마음에 품고 있던 것은 하나님을 좀 더 알고, 좀 더 사랑하고 싶다는 열망이었습니다.

　하나님이 많이 보고 싶습니다. 믿음이라는 단어가 그리 큰 의미가 없을 그날, 그분 앞에서, 그분과 직접 교제하며 배우고 싶습니다. "주님! 제가 믿습니다. 진심으로 구하오니 저의 믿음 없음을 도와주소서."

믿음은 왜 필요한가

01

정말
믿기만 하면
구원을 받나요?

너희가 다 믿음으로 말미암아
그리스도 예수 안에서
하나님의 아들이 되었으니
갈 3:26

얼마 전에 인터넷 쇼핑몰 아마존(amazon.com)에서 100달러짜리 상품권을 주겠다는 전자메일을 받았습니다. 간단한 설문에 답하기만 하면 된다고, 3분이면 끝난다고 했습니다. '혹시나' 하면서도 손해 볼 것은 없다는 이유만으로 설문에 답하기 시작했습니다.

처음에는 질문들이 어렵지 않았는데 뒤로 갈수록 '역시나'였습니다. 곧이어 광고들이 올라왔고, 그 업체들에 제 정보를 입력하도록 유도했습니다. 계속해야 할지 망설여졌습니다. 물론 이유는 손해 볼지 모른다는 두려움이었습니다. '밑져야 본전이다' 싶어서 시작했는데 잡지를 구독해야 하거나, 쓸데없는 광고 메일들에 시달리거나, 개인정보가 유출될 수 있다는 생각에 이르자 마음이 불편해졌습니다.

결코 3분에 100달러가 생기는 일이 아니었습니다. 어쩌면 제게 100달러가 그렇게 절실하지 않았기 때문에 망설였는지도 모릅니다. 누군가 100달러가 정말 필요하다면 끝까지 갈 수도 있었을 테지요.

'믿기만 하면 구원을 받는다.' 과연 이 말을 하는 것은 구원받는 것이 그렇게 매력적으로 느껴지지도 않고, 구원받지 않는 것이 그렇게 두렵지도 않은 현대인들에게 '거의 공짜로 생명보험을 들 듯이, 믿져야 본전'이라는 생각을 갖도록 한 기발한 전도 방법이었을까요? 만일 그렇다면 '믿기만 하면 구원을 받는다'는 말은 이제는 아주 익숙해져서 거의 통하지 않는 허접한 상술이나 보이스 피싱 안내 멘트처럼 되고 말았는지도 모릅니다.

'믿기만 하면 구원을 받는다'는 말이 어떤 사람에게는 너무 쉬운 말로 들리고, 어떤 사람에게는 불가능한 말로 들릴 수 있습니다(모든 것이 다 이해되고 설명 가능해야 믿는다고 말할 수 있다고 생각한다면 말입니다). 대체로 사람들은 '믿기만 하면 구원을 받는다'는 말이 말도 안 되게 너무 쉬워 보여서 교회로 끌어들이기 위한 미끼라고 생각합니다. 이 말은 제가 100만 달러짜리 복권에 당첨되었으니 와서 찾아가라는 말과 크게 달라 보이지 않기 때문입니다.

하지만 정말 믿기만 하면 엄청난 선물이 보장되어 있다면요? 그렇다면 사람들은 믿는다는 말이 무슨 뜻인지, 믿음에 어떤 요소들이 있는지를 진지하게 고민해야 합니다.

🌑 지적인 동의가 인생관의 완전한 변화를 의미하던 때가 있었습니다

믿음에는 지적인 동의 요소가 있습니다. 지적인 동의 요소가 있다는 말은 믿음은 단순한 감정 상태가 아니며(믿음에는 '감정'이라는 요소도 있지만) 믿음에는 대상과 내용이 있다는 의미이므로, 당연합니다. 하지만 막연히 그렇다고 인정하는 것이 구원에 이르는 믿음은 아닙니다.

과거에 지적인 동의가 곧 참된 믿음을 가리키던 때가 있었습니다. 단지 당시 사람들이 현대인들보다 지적으로 더 진지했기 때문이 아닙니다. 그들에게 주어진 상황에서는 지적인 동의가 위기와 위협을 감수해야 할 만큼 인생관의 완전한 변화를 의미했기 때문입니다. "나 외에 다른 신을 인정하는 자는 사자 굴에 집어넣겠다"라고 위협하는 권력 앞에서 지적인 동의는 밑져야 본전인 문제가 아니었습니다. 목숨을 건 인정이었고, 그 인정만으로도 고백의 진실성을 느낄 수 있었습니다.

그리스도인이라고 인정하는 것이 곧 경제적 손실을 의미하고 사회적 왕따를 뜻하는 시대라면 "예수님을 나의 주님으로 믿습니다"라는 고백만으로 세례의 자격 조건이 될 수 있을 겁니다. 우리나라도 일제 강점기나 한국전쟁 때 그리스도인 앞에 예수님 그림을 가져다 놓고 침을 뱉든지 더 이상 예수를 믿지 않는다고만 말하면 살려주겠다는 식의 협박을 한 경우가 있었답니다.

'겉으로는 예수님을 부인해도 마음으로만 예수님을 믿으면 된다'고 생각할 수 없었던 이유는 그들에게 예수님을 믿는다는 것은 지적인 동의로 끝나는 단순한 문제가 아니라 인생관의 문제이기 때문이었고, 당시 교인들은 그 사실을 알고 있었습니다. 단순히 입으로 부인하면 절대로 안 되기 때문이 아니라 믿음이란 그런 것이 아니기 때문입니다. 기독교가 로마 국교로 인정받아 그리스도인들에게 사회적 혜택이 주어지기 전까지는 그러했을 겁니다. 하지만 사회적 혜택을 받게 되면서부터는 예수님을 믿지 않아도 믿는다고 고백했습니다. 따라서 믿는다는 고백만으로는 정말 믿는 것이 무엇인지를 잘 모르게 되었습니다.

초대교회에도 믿음을 치열하게 살아 내지 않고 안일하게 고백한 사람들이 있었나 봅니다. 야고보는 믿음을 단순한 동의 정도로 여기는 듯한 사람들에게 경고하면서, "네가 하나님은 한 분이신 줄을 믿느냐 잘하는도다 귀신들도 믿고 떠느니라"(약 2:19)라고 말했습니다. 이 말은 예수님이 하나님의 아들이심을 믿는 것은 기독교 신앙에서 대단히 중요한 일인데, 단순한 지적인 동의를 믿음이라고 부른다면 귀신들도 그런 동의는 얼마든지 할 수 있다는 뜻입니다.

● 믿는다는 말은
　신뢰를 위한 지적인 동의를 의미합니다

어떤 사람이 변호사를 찾아가서 말했답니다. "나는 당신이 유능한 변호사인 줄 믿습니다. 하지만 제 문제를 당신에게 맡길 수는 없습니다. 왜냐하면 나는 당신을 믿을 수 없기 때문입니다."

유능함은 인정하지만 사건을 맡길 수는 없는 상태! 왠지 친근한 이미지 아닌가요? 예수님이 전능하심은 믿지만 전능하시기에 온전히 맡기기보다는 눈치를 보고 협상해야 할 것 같은 관계, 예수님이 하나님의 아들이심은 믿지만 그분의 말씀을 믿고 세상의 좋은 것들을 포기하기에는 자신이 없는 관계 말입니다.

물론 신뢰란 한순간에 이루어지는 것이 아니라 지속되어야 합니다. 깨어짐과 회복을 반복하며 신뢰가 쌓입니다. 깨어짐이 아쉽지 않을 만큼 신뢰가 없다면 지적인 동의는 아무런 의미가 없습니다. 믿는다는 말은 예수님이 하나님의 아들이시라는 사실에 동의하겠다는 것이고, 그분이 하신 말씀을 신뢰해 따라 보겠다는 의미입니다. 그래서 역설적이게도 믿기만 하면 되는데, 믿기만 하면 되는 것이 아닙니다. 지적인 동의는 신뢰를 전제하니까요.

'믿기만 하면 된다'는 말에는 인간적인 행위나 노력이

아닌 믿음으로만 가능하다는 의미가 담겨 있습니다. 단순한 교세 확장을 위해서였든지, 구원에 무관심한 사람들의 관심을 끌기 위해서였든지 믿음이 그저 지적으로 동의하는 것 정도가 되고 말았습니다. 마치 서류 맨 끝에 깨알 같은 글씨로 적힌 조항들은 읽어 주지 않은 채 서둘러 서명을 요구하는 계약서처럼 말입니다.

이제 믿음은 단순한 지적인 동의가 아니라 '예수 그리스도가 하나님의 아들이시고 그분이 인생의 주인이 되실 때 참된 구원이 있음을 믿고 전적으로 그분을 신뢰하겠다는 지적인 동의'라고 다시 전할 때가 되었습니다.

갈라디아서 3장 26절은 "믿음으로 말미암아 그리스도 예수 안에서 하나님의 아들이 되었다"라고 말합니다. 이는 바울이 갈라디아 성도들에게 한 말입니다. 앞뒤 문맥을 살펴보면 이렇습니다. 우리는 행위나 신분, 즉 지적이고 종교적인 배경 때문에 하나님의 자녀가 된 것이 아니라 오직 예수 그리스도를 믿음으로 말미암아 그분 안에서 하나님의 자녀가 되었습니다. 유대인이나 헬라인이나 종이나 자유인이나 남자나 여자나 다 그리스도 예수 안에서 하나입니다.

그러므로 바울이 강조한 '믿음으로'와 반대되는 개념은 '자신의 행위나 배경'입니다. 다른 사람과 차별해 자신이 더 의롭다고 여길 만한 어떤 외적 환경도 없다는 의미이지요. 지적인 동의는 자신을 의롭게 만드는 외적 환경이 될 수 있습니다. 믿음이 자기 안에서 발생한 자신의 판단과 결정을 의미할 때 그렇습니다.

믿음이 통로이기는 하지만 우리를 의롭다 칭해 주는 것은 예수 그리스도의 순종입니다. 믿음이 그리스도의 순종이 흐르도록 하는 통로라면, 우리는 그리스도의 순종을 신뢰해서 그 통로를 택한 것이지 통로가 우리를 의롭게 해 주기 때문에 그 통로를 택한 것은 아닙니다.

믿음이 마치 또 다른 행위처럼, 즉 자신을 의롭게 만드는 자신의 행위로 여겨져서는 안 됩니다. 믿음이 그리스도의 순종으로 인한 구원을 신뢰함이 아니라 단순한 지적인 동의가 될 때 자신의 행위가 될 가능성이 높아집니다. '믿음으로'가 강조하는 것은 '오직 그리스도를 통한 하나님의 은혜'이지 그 일에 동의할 수 있는 지식이나 확신이 아닙니다.

● 아무리 믿으려고 해도 믿어지지 않습니다

같은 맥락에서 한 가지 일화를 소개하겠습니다. 한 청년이 "믿고 싶은데 믿어지지 않습니다"라며 고민을 털어놓았습니다. 무엇이 믿어지지 않는지 물었더니 예수님의 동정녀 탄생도, 부활도 믿어지지 않는다고 했습니다. 그래서 저도 믿어지지 않는다고 답했습니다.

청년의 '믿어지지 않는다'는 말은 지적으로 동의할 수 없다는 의미인데, 지적으로 이해 혹은 설명이 되지 않기 때문에 동의하기 어렵다는 뜻이었습니다. 사실 이해가 안 되는데 동의하는 것은 진실해 보이지 않거나 맹목적으로 느껴집니다. 물론 우리는 세상의 이치를 다 이해해서 사는 것이 아니라 동의해서 신뢰함으로 살아가는 것이 아니냐는 논리도 가능합니다. 하지만 인생을 건 결정이라면요? 그 경우 이해 없는 믿음은 무모해 보이는 것이 당연합니다.

그런데 저는 한 번 믿어 보라고 권하겠습니다. 믿어져서 믿는 것도 사실이지만 믿어서 믿어지는 것도 사실이니까요.

《주는 나의 피난처》를 쓴 네덜란드의 코리 텐 붐(Corrie ten Boom) 여사는 제2차 세계대전 당시에 나치 수용소에서 고난을 당했습니다. 전쟁 후에 그녀는 독일의 마을들을 다니면서 간증을 했는데, 한 마을 집회에서 수용소에 있을 때 자신을 많이 괴롭혔던 간수를 보았습니다. 간증을 마치고 내려와 사람들과 악수를 할 때 그가 다가와 악수를 청했습니다. 그녀는 화가 치밀고 힘들었지만 그가 내민 손을 잡았습니다. 그러자 하나님이 용서하는 마음을 주셨습니다.

인생이 늘 그렇지는 않지만, 그런 일도 있다고 말하고 싶습니다. 다시 말하면, 지적인 동의가 언제나 지적인 이해를 전제하지는 않는다는 뜻입니다. 누구든 인과관계를 설명할 수 있어서, 또한 그 관계의 결과를 계산해서 신뢰하지 않습니다. 이해해서 신뢰하려는 진실함은 소중한 것임에 틀림없지만, 신뢰하지 않으면 아무것도 이해할 수 없는 경우가 일상에서 허다하다는 사실을 인정하지 않을 수 없을 겁니다.

오히려 '믿어지지 않는다'는 말에 담겨 있는 더 심각한 문제는 아직은 맡기고 싶지 않다는 의지의 문제입니다.

어느 날 한 자매가 교제하는 남자와 결혼하기로 했는데 아직 그 남자에 대한 확신이 생기지 않는다고 상담을 요청해 왔습니다. 고민은 충분히 이해하지만, 혹시 그 남자에 대한 확신이 문제가 아니라 결혼으로 인해 감당해야 할 희생이 더 두려운 것은 아닌가 물었습니다.

　신뢰할 만한 근거가 있어도 희생을 감당할 만큼 신뢰할 수는 없어서 신뢰할 만한 더 확실한 근거를 찾고 있다면, 그것은 지적인 이해의 문제가 아니라 의지의 문제일 수 있습니다. 현대 교회는 지적인 이해의 문제를 심각하게 다루지만, 오히려 성경은 의지의 문제를 더 심각하게 다루는 것 같습니다(롬 1장 참조).

● 믿기만 하면 됩니다

'믿음'의 반대말은 문맥과 상황에 따라 여러 가지가 있습니다. 요한복음에서는 '불신'을, 야고보서에서는 '의심'을, 히브리서에서는 '보는 것'을, 그리고 갈라디아서에서는 '행위'를 믿음의 반대 개념으로 말하는 것 같습니다.

원래 '믿기만 하면 된다'는 말은 인간의 행위나 공적에 의해서가 아닌 '예수 그리스도의 공적과 의에 의해서'라는 의미입니다. 그러므로 구원의 전제 조건은 언제나 행위인데, 그것이 인간의 순종적 행위인가 아니면 그리스도의 순종적 행위인가의 차이가 있을 뿐입니다. 결국 믿음이란 인간의 순종적 행위로 보는지, 그리스도의 순종적 행위로 보는지 관점의 문제가 됩니다. 그런데 성경에서는 그리스도의 순종적 행위로 보는 관점을 '믿음'이라고 부릅니다.

'믿기만 하면 구원을 받는다'는 말은 '믿는다고 말하기만 하면' 혹은 '믿는다고 인정하기만 하면'이라는 의미로 이해되어서는 안 됩니다. 그보다는 '오직 그리스도의 순종을 통해'라는 의미로 받아들여져야 합니다. 여기에 지적인 동의와 신뢰의 요소가 다 포함됩니다. 하지만 분명한 것은 우리가 구원받는 근거는 우리 마음의 상태가 아니라 그리스도의 순종이라는 사실입니다. 이것이 은혜입니다. 그래서 믿기만 하면 구원을 받습니다. 다음 장에서 좀 더 생각해 보겠습니다.

Check Point

믿음의 3가지 요소	지적 동의로서의 믿음
	확신과 소신으로서의 믿음
	신뢰로서의 믿음

오직 그리스도의 순종을 통해	믿기만 하면	구원을 받는다.

나눔을 위한 질문

- 당신은 믿기만 하면 구원을 받는다고 믿습니까?
- 그리스도의 순종을 통해 당신이 구원받았음을 믿습니까? 그렇지 않다면 그 이유는 무엇인지 나눠 봅시다.
- 믿기만 하면 되는데, 믿어지지 않는 이유는 무엇일까요?

02

오직 믿음으로
어떻게 사나요?

너희는 그 은혜에 의하여
믿음으로 말미암아 구원을 받았으니
이것은 너희에게서 난 것이 아니요
하나님의 선물이라
엡 2:8

어느 집회에 갔을 때의 일입니다. 그곳에 저를 많이 아끼는 사역자가 있었는데, 하루에 두 번씩 연락해서 "뭐 필요한 게 있습니까?" 하고 물었습니다. 대체로는 없다고 답하는데 그날은 장난이 하고 싶어서 "돈이 필요합니다"라고 답했습니다.

그분은 제게 숙소에 머무는 데 부족한 것은 없는지를 물은 것이지, 제 인생에서 가장 필요한 것이 무엇인가를 질문하지 않았습니다. 그 의도를 아니까 장난도 할 수 있었지요. 의도를 알기 위해서는 상황과 문맥을 파악해야 합니다. "아무것도 필요 없습니다"라고 말했다고 해서 그분이 저를 데리러 오지도 않고 음식도 제공해 주지 않는다면 저는 제게 필요한 것들을 일일이 열거해야 합니다.

흔히 사람들은 문제를 흑백논리나 대립논리로 접근하

려는 경향이 있습니다. 한 예로, "모든 것을 해로 여김은 내 주 그리스도 예수를 아는 지식이 가장 고상하기 때문이라"(빌 3:8)라는 바울의 고백을 들은 사람들은 세상 지식과 학문은 다 해롭다고 여겨서 죄악시합니다. 하지만 바울의 의도를 알면 세상 지식과 학문이 필요 없다는 말이 아님을 어렵지 않게 발견할 수 있습니다.

최근에 신학적으로 가장 뜨거운 주제가 '오직 믿음으로 의롭다 하심을 받는다'는 칭의 교리일 것입니다. 그런데 어쩌면 칭의에 대한 논란이 '오직 믿음으로'라는 말을 오해한 데서 비롯했을 수도 있다는 생각이 들었습니다. '오직 믿음으로'라는 말이 다른 것은 하나도 필요 없다는 의미로 들린다면 그것은 틀림없는 오해입니다.

● 종교개혁의 슬로건

일반적으로 사람들은 종교개혁의 외형적 원인은 '오직 성경'이고, 실제적 원인은 '오직 믿음'이라고 말합니다. 바꾸어 말하면, 당시 교회가 교황의 권위와 교회 전통의 절대화에 대한 저항으로 '오직 성경', '오직 믿음'을 주장했다고 볼 수 있습니다. 만일 누군가가 "목사에게 순종해야 복을 받는다" 혹은 "주일을 지키고 십일조를 내야 구원을 받는다"고 말한다면 그런 가르침에 저항해서 '오직 성경', '오직 믿음'을 말한 것이라고 볼 수 있다는 뜻입니다.

따라서 '오직 믿음'이라는 슬로건은 믿음 외에 다른 것은 하나도 필요 없다는 말을 하기 위해서 나온 것이 아니었습니다. 비록 종교개혁가들이 "믿음은 필요조건이다"라고 말하는 당시 교회의 가르침에 저항해 "믿음은 단순히 필요조건이 아니라 충분조건이다"라고 말했어도, 이 말은 구원을 위해서 다른 것이 요구되면 안 된다는 의미이지 믿음 외에는 아무것도 필요 없다는 뜻이 아닙니다. 제가 아내에게 "나는 당신만 있으면 돼"라고 말할 때 이는 아내 말고 다른 사람은 하나도 필요 없다는 의미가 아닌 것과 같습니다.

기도도 필요하고, 성경 묵상도 필요하고, 구제도 필요합니다. 하지만 그것들이 구원의 수단이 되지는 못합니다. 또한 반대로 구원의 수단이 되지 못하기 때문에 그것들이 불필요한 것은 아닙니다. 종교개혁가들이 '오직 믿음'을 외친 배경에는 교회의 횡포와 교회 지도자들의 부패가 있었음을 잊지 말아야 합니다.

오늘날 '오직 믿음'에 거부감을 느끼는 이유는 어쩌면 종교개혁 시대와는 반대로 교회가 교회의 횡포와 지도자들의 부패를 조장하거나 합리화하기 위해 '오직 믿음'을 강조하기 때문인지도 모릅니다. 믿음이라는 말이 종교적 행위나 태도를 가리킬 때 이런 현상이 더욱 두드러지게 나타납니다. 구원받는 데는 아무런 문제가 없으니까 믿음으로 세습도 용납해 주어야 하고, 믿음으로 교회 지도자들의 무례함도 용서해 주어야 한다는 것입니다.

믿음이 좋은 사람은 교회의 요구에 순응하는 사람으로 인식되기 때문에 오늘날 '오직 믿음'이라는 말이 종교개혁 당시와는 정반대의 의미로 교회에서 통용되고 있다 싶습니다.

그래서 많은 사람이 "정말 믿음이면 됩니까?"라고 반문할 때 그 말에는 '정말 아무렇게나 살아도 믿는다고만 말하면 됩니까?'라는 의미가 담겨 있는 듯해 오직 믿음이면 된다는 말을 하기가 조심스럽습니다. '오직 믿음'이란 어떤 인간적인 행위나 노력이 아닌 '오직 예수 그리스도의 순종만을 신뢰해 의지함으로'라는 의미라서 이미 그 말 자체가 '아무렇게나 살아도'라는 말과 모순됩니다. 조금 더 설명을 드리겠습니다.

● 행위가 아닌 믿음으로

성경은 행위의 불필요성이 아닌 불충분성을 말합니다. 인간의 행위로는 구원에 이르기에 충분하지 않은데, 하나님이 그 부족한 부분을 그리스도의 의로 채우기보다는 행위 대신에 그리스도의 의로 옷 입히기로 하셨습니다. 이것을 그리스도의 의의 주입(infusion)이 아닌 '전가'(imputation)라고 부릅니다. 하나님이 우리의 순종을 필요로 하시지 않은 것이 아니라 우리의 순종을 그리스도의 순종으로 대신하신 것입니다. 인간의 순종으로는 하나님을 만족시킬 수 없었기 때문입니다.

그리스도인의 선행은 해어진 옷을 꿰매어 (못다 한 부분은 그리스도가 채워 주시는) 예복을 만들기 위한 최선의 행위가 아닙니다. 그리스도인의 선행은 하나님이 지어 주신 새

예복을 입고 그 예복에 합당하게 행동하고 살아가는 것입니다. 따라서 믿음은 좋은 것이고 행위는 나쁜 것이라든지, 은혜는 좋은 것이지만 율법은 나쁜 것이라는 도식은 성립되지 않습니다. 행위로는 구원에 이를 수 없다고 말할 뿐이지 행위는 필요 없다고 말하는 것이 아닙니다.

어쩌면 현대 교회에서의 '오직 믿음'에 대한 강조가 '행위로는 할 수 없다'보다는 '행위는 하지 않아도 된다'로 이해되었기에 그런 오해가 생겼는지도 모릅니다. 이것도 결국은 세상을 따라 살고 싶은 마음이나 삶의 습관을 합리화한 것일 수 있기 때문에 행위가 따르지 않는 믿음이 참 믿음인가를 고민하지 않을 수 없게 되는 것이지요. 다시 말하면, 외적인 행위가 아닌 마음의 의도가 문제의 중심에 있기 때문에 행위의 중요성에 대한 논란이 끊이지 않는 것입니다.

하지만 교회사에서 행위의 필요성은 언제나 강조되어 왔습니다. "거짓을 말하면 안 됩니다", "세상의 향락을 따라 살면 안 됩니다", "기도에 항상 힘쓰며 경건한 삶을 도모해야 합니다" 등의 말은 마치 율법적인 요구라서 '오직 믿음'을 강조한 종교개혁의 정신에 어긋난다는 생각은 심각한 오류입니다.

언젠가 믿음에 의한 칭의를 유난히 강조하는 교회에 다니던 사람들이 제가 사역하는 교회로 온 적이 있습니다. 그들은 복음적 가르침에 관심이 많았고 성경도 체계적으로 배운 흔적이 있었습니다. 그런데 교회 구역 모임이나 기도회에 참석하자고 권하면 개혁주의 교회에서 왜 그런 행사들을 만들고 참석을 요구하느냐며 항의했습니다. 그런 것들은 다 율법이고 행위를 강조하는 것이라면서요.

한편으로, 종교적이고 율법적인 행위를 지나치게 강조하고 교회생활이 곧 신앙생활인 양 가르친 부분에 대한 후유증이라고 생각하며 이해되기는 했습니다. 하지만 그렇다고 해서 행위에 대한 강조를 비성경적이라고 보거나 성화를 위한 노력을 인간의 행위에 의존한 모습으로 여기는 태도는 건전하다 볼 수 없었습니다. '행위로는 안 된다'는 말과 '행위는 필요 없다'는 말은 같은 말이 아닙니다. 행위로는 안 되지만, 행위는 절대적으로 필요합니다.

● 왜 행위가 아닌 믿음일까요?

바울은 에베소서에서 행위가 아닌 은혜를 말했습니다. 그 이유는 아무 육체라도 자랑하지 못하도록 하기 위함이었습니다. "너희는 그 은혜에 의하여 믿음으로 말미암아 구원을 받았으니 이것은 너희에게서 난 것이 아니요 하나님의 선물이라 행위에서 난 것이 아니니 이는 누구든지 자랑하지 못하게 함이라"(엡 2:8-9).

이 말씀은 교회 공동체 안에서 혈통도, 실력도, 영적 성숙도 자랑하지 못하게 해서 교회가 연합되도록 하나님이 은혜에 의한 믿음으로 구원하셨다는 뜻입니다. 인간에게는 구원에 이를 수 있는 능력이 없기도 하지만, 하나님이 그 능력을 특정한 사람들에게만 부여하시기보다 모든 사람에게 공평하게 요구될 수 있는 믿음을 통해 구원하기로 하셨다는 겁니다. 다시 말하면, 교회가 믿음을 강조하는 이유는 믿음을 자랑하도록 하기 위함이 아니라 아무도 자랑하지 못하게 하려는 것이었습니다.

그런데 믿음이 자랑이 되기 시작했고, 다른 사람을 판단하는 기준이 되기도 했습니다. 현대인들은 '오직 믿음'

을 강조하는 말을 들을 때마다 불가항력적이고 무조건적인 하나님의 은혜를 떠올리는 것이 아니라 다른 사람들과 차별화된 특정한 사람들의 소신을 생각한다는 뜻입니다. 왜 그렇게 되었을까요? 믿음의 내용으로서 그리스도의 순종, 즉 하나님의 은혜가 아니라 믿음이라는 개인의 주관적인 상태를 강조했기 때문이고, 개인의 주관적인 상태에 대한 강조가 또 하나의 행위의 자랑으로 보인 겁니다.

예를 들면 이렇습니다. 어떤 사람이 불치병에 걸렸다고 가정해 보지요. 현대 의학으로는 고칠 수 없다는 진단이 나왔습니다. 절망입니다. 그런데 아직 임상 시험이 끝나지는 않았지만 그 병을 고칠 수 있는 신약이 개발되었습니다. 누가 그 약을 환자에게 가져와서는 그 약을 먹으면 산다며 먹어 보라고 했습니다. 환자가 그 약을 먹었습니다. 그리고 정말 병이 깨끗이 나았습니다. 주변에 그를 아는 사람들이 너무 놀라서 물었습니다. "어떻게 된 일이에요?"

이때 환자의 어떤 반응이 정상적일까요? "누가 약을 가져다주었는데 그 약을 먹었더니 나았어요. 약이 나를 살

렸어요"라고 말하는 것 아닐까요? 그런데 만일 "누가 약을 가져다주었는데 '내가' 먹어서 나았어요. 다른 사람은 믿음이 없어서 약을 먹지 않고 죽어 갔지만 '나는' 믿었거든요. 그래서 나았어요"라고 말한다면 어떨까요? 뭔가 이상하지 않습니까? 왠지 은혜를 모르는 사람처럼 보이지 않나요? 내가 먹은 것을 '믿음'이라고 부른다면 주관적인 상태에 대한 강조가 약의 가치를 퇴색시킨 셈입니다.

만약 바울이 에베소서 2장 4-7절에 기록되어 있는, 그리스도가 우리를 살리기 위해 무엇을 하셨는가를 잊어버리고, 8절에서 '은혜에 의하여'를 뒤로하고 '믿음으로 말미암아'만 굵은 글씨로 쓰고 두 겹으로 밑줄을 그었다면 그 믿음은 또 다른 형태의 행위가 됩니다.

● 우리의 믿음일까요,
   그리스도의 신실하심일까요?

아마도 그런 이유에서 최근에 로마서 1장 17절, "오직 의인은 믿음으로 말미암아 살리라"라는 말씀에서 '믿음'이 우리의 주관적인 마음의 상태로 이해되는 것은 원래 의도가 아니라 종교개혁과 계몽주의의 산물일 뿐이고, 초대교회 당시의 믿음은 우리의 믿음이 아닌 그리스도의 믿음 혹은 그리스도의 신실하심을 가리킨다는 주장이 부각되고 있는지도 모릅니다.

'신실하심'과 '믿음'은 같은 헬라 단어를 사용하기 때문에 어원이나 문맥상 그리스도의 믿음(혹은 그리스도의 신실하심)을 가리킨다고 보는 것이 가능합니다. 그러니까 "오직 의인은 믿음으로 말미암아 살리라"라는 말씀은 "오직 의인은 그리스도의 신실하심으로 말미암아 살리라"라고 번역되어야 한다는 것입니다.

어느 쪽이 더 옳은지를 놓고 논쟁하는 것은 여기서 적절하지 않은 듯합니다. 중요한 것은 어떻게 번역하든지 분명한 사실은 바울은 주관적인 마음의 상태나 결정보다는 그리스도의 능동적인 순종을 강조했다는 것입니다. 그것이 우리의 믿음이라 할지라도, 그 믿음이란 우리의 신실함이 아니라 그리스도의 신실하심을 온전히 신뢰하는 것을 의미합니다.

오직 믿음으로! "내 행위가 아닌 그리스도의 행위로!"

오직 믿음으로! "내가 한 것이 아니라 하나님이 하셨습니다!"

오직 믿음으로! "행위로는 안 되지만 행하지 않을 수는 없습니다. 나를 위해 고난받으시고 십자가에서 죽으신 예수 그리스도의 삶과 인격을 온전히 신뢰하기로 했기 때문입니다."

오직 믿음으로! "이제는 내가 사는 것이 아니라 내 안에 그리스도가 사시는 것이기 때문입니다."

그렇다면 '오직 믿음'은 사람을 겸손하게 만들 수 있고, 자기를 희생하게 할 수 있고, 자기를 부인하고 십자가를 지는 치열한 영적 싸움을 계속하게 만들 수 있습니다. '오직 믿음'은 선교도 가능하게 하고, 수없이 실패하는 중에도 경건생활을 지속하게 할 수 있고, 시련과 환난 중에도 낙심하지 않게 만들 수 있습니다. 다만 '오직 믿음'은 약함과 악함을 핑계 삼아 아무렇게나 살게 할 수는 없습니다.

오직 믿음으로	믿음 외에 다른 것은 하나도 필요 없다. (×) 믿음이 있으면 아무렇게나 살아도 된다. (×)
	구원을 위해 다른 것이 요구되면 안 된다. (○)

나눔을 위한 질문

• "오직 의인은 믿음으로 말미암아 살리라"는 말씀에서 '믿음'
은 무엇을 의미합니까?

• 오직 믿음(그리스도의 신실하심)으로 살겠다고 최근 결심한
일이 있다면 나눠 봅시다.

03

죽은 믿음이
있나요?

이와 같이 행함이 없는 믿음은
그 자체가 죽은 것이라
약 2:17

베드로 사도는 우리에게 산 소망이 있다고 했습니다(벧전 1:3). '무엇을 바라며 기다리는 것'을 소망이라고 정의한다면 산 소망이란 어떤 소망일까요? 산 소망이 있다면 죽은 소망도 있다는 말인데, 절망과 차별화될 수 있는 죽은 소망이란 무엇일까요? 어떤 소망이 죽은 소망일까요?

베드로전서 1장의 문맥을 보면 산 소망이란 두 가지 의미가 있는 것 같습니다. 우선, 산 소망은 가능성이 아닌 확실성에 근거한 소망입니다. 만일 누가 복권을 사면서 '내가 이번에 복권만 당첨되면 지금 겪고 있는 경제적인 문제가 다 해결될 거야'라는 기대에 부풀어 있다면 그것은 베드로가 말하려는 산 소망이 아닙니다. 안 될 확률도 다분히 높기 때문입니다. 사업을 시작하면서 가지는 성공에 대한 기대도 산 소망이 아닙니다.

그렇기 때문에 복권을 사는 사람들 중 누구도 미리 당첨될 것이라는 기대로 다른 사람들에게 선심을 쓰거나 돈을 헤프게 사용하지 않습니다. 하지만 회사로부터 합격통지서를 받고 계약을 했다면 돈을 빌려 양복을 살 수 있습니다(이 경우도 합격이 취소될 가능성이 있지만 그것은 예외적 혹은 이례적 가능성일 뿐입니다). 이것이 산 소망의 두 번째 의미입니다. 가능성에 의한 소망이라면 행동으로 옮기기가 어렵지만, 확실성에 의한 소망이라면 행동할 수 있습니다. 부활이 가능성이라면 고난 중에 즐거워하기는 쉽지 않습니다. 영생이 가능성이라면 자기 소유를 가난한 사람에게 나눠 줄 수 없고 현재의 안락함을 포기하기 어렵습니다.

베드로 사도는 당시 교인들이 여러 가지 시험으로 말미암아 잠깐 근심하게 되지 않을 수 없으나 오히려 크게 기뻐하는 이유는(벧전 1:6) 보지 못한 것을 믿음으로 바라봄으로 산 소망이 있기 때문이라고 했습니다. 그러니까 산 소망이란 미래를 바라보고 있음에도 현재의 삶에 활동적일(active) 수 있는 소망입니다. 살아 있는 소망이란 현재의 삶과 결정에 영향을 줄 수 있는 활동적인 소망이라는 말입니다.

● 죽은 믿음

"소망이라는 것이 있으면 있는 것이고 없으면 없는 것이지 죽은 소망이란 것이 있겠는가?"라는 질문이 유효한 것처럼, "믿음도 죽은 믿음이라는 것이 과연 가능할까?"라는 질문은 오랜 시간 논란이 되어 온 주제입니다. 특히 믿음은 우리로 의롭다 칭하심을 받게 만드는 수단이기 때문에 "죽은 믿음으로도 의롭다 칭하심을 받을 수 있는가?"라는 질문은 본질적인 질문입니다.

죽은 믿음은 믿음이 아닙니다. 더욱이 야고보는 행함이 없는 믿음은 죽은 믿음이라고 했지요(약 2:26). 따라서 행함이 없으면 구원을 받을 수 없고, 행함이 구원의 수단이 된다는 논리적인 비약도 가능했습니다. 하지만 야고보는 '어떻게 하면 구원받을 수 있는가'를 말한 것이 아니라 '우리의 믿음이 어떻게 활동적일 수 있는가'를 말했습니다. 즉 믿음이 살아 있음을 보일 수 있는 방법을 말한 것이지요.

언젠가 저희 집 차고로 들어가는 문의 문고리가 고장난 적이 있습니다. 한번 문이 닫히면 잘 열리지 않았기 때문에 열어 두고 다녀야 했는데, 문이 닫혀서 잠길까 봐 불안하기도 하고 불편하기도 했습니다. 아내가 제게 몇 번 이야기했지만 바쁘다는 핑계로(사실은 게을러서) 새 문고리를 사다 놓고도 한 달은 지체했던 것 같습니다. 대단하지요?

아내는 제가 전에는 조립도 잘하고 고치기도 제법 했는데 이제는 문고리를 교체하는 일이 자신 없어서 미루고 있다고 생각했나 봅니다. 게으름은 재촉해도 되지만 무능은 재촉해서 될 일이 아니니까 아내는 별로 잔소리를 하지 않았습니다. 그리고 어느 날 드디어 문고리를 교체했습니다. 그때 아내가 감탄하며 했던 말! "오! 노진준, 아직 살아 있네!" 그 말을 들은 저는 "그럼! 내가 죽은 줄 알았어? 나 아직 살아 있어" 하고 응답했습니다.

문고리 하나 교체하고 죽지 않았음을 보여 주었다고 우쭐대는 저도 우습지만, 그렇다고 환호를 하면서 마치 죽은 사람이 살아서 돌아온 것처럼 좋아하는 아내를 보면서 그동안 제가 얼마나 무기력해 보였는지를 실감할 수 있었습니다.

아내가 저에게 "당신이 아직 살아 있는지 보여 줘 봐"라고 할 때 그 말은 제가 아직 가정 일에 관심이 있는지를 보여 달라는 의미일 수도 있고, 아직 문고리를 고칠 수 있는 능력이 있는지를 보여 달라는 뜻일 수도 있습니다. "당연히 내가 살아 있지. 죽은 줄 알았어?"라는 대답이 생존 사실에 대한 인정 여부를 의미한다면, 사실 질문의 의도와는 아무런 상관이 없는 대답입니다. 아내는 저에게 생존 여부를 물었던 것이 아니니까요. 아내가 던진 질문의 의도를 알면서도 "그럼 내가 당연히 살아 있지. 아직도 숨도 쉬고 움직이기도 하잖아"라고 대답한다면 우리는 그것을 '어깃장'이라고 부르지요.

● "하나님을 보여 주십시오. 그러면 믿을게요"

어떤 사람이 하나님을 볼 수 없어서 믿을 수 없다고, 하나님을 보여 주면 믿겠다고 하면 어떻게 대답하면 좋을까요? 20세기에는 이런 질문을 들으면 "하나님은 보여 드릴 수가 없습니다. 하나님은 너무 거룩하셔서 죄인이 하나님을 보면 죽어요"라고 대답했습니다. 하나님의 존재 가능성을 증명할 수 있다고 믿고, 이성적인 설명이 가능한 것만 믿을 수 있다는 모던 시대(modernity)에는 그런 대답도 가능했던 것 같습니다.

하지만 합리적 설명이나 이성적 증명보다는 실존적 경험과 개인적 선호도로 기울어진 포스트모던 시대(post-modernity)에는 적합한 대답이 아닙니다. 현대인들은 하나님의 실존에 대한 증명보다는 하나님의 임재를 경험하기를 더 원할 테니까요. 그러니까 현대인들이 하나님을 보여 달라고 하면 그것은 하나님의 존재를 증명해 보라는 말이 아니라 그렇게 말하는 사람의 고백의 진실성을 보여 달라는 뜻입니다. 무엇을 믿는가를 묻는 것이 아니라 진실로 믿고 있는지를 묻는 것이지요.

그런데 그 질문의 의도를 아는지 모르는지, 하나님은 보면 죽는다든지 아니면 하나님이 존재하시지 않음을 증명해 보라는 식의 대답은 그리 마땅치가 않습니다.

마찬가지로, "믿는다고 하면서 왜 그렇게 삽니까?"라고 묻는 사람에게 "행위가 아닌 오직 믿음으로만 구원을 받습니다"라고 말한다면 질문의 의도에 적합하지 않다는 의미에서 오답입니다. 바울은 구원받는 방법으로 믿음을 말했고, 야고보는 구원받았음을 보여 주는 방법으로 믿음을 말했습니다. 야고보는 행함이 믿음의 다른 한 면이라서 행함이 없으면 믿음이 없는 것이라고 말한 것이 아니라 행함이 없으면 그 믿음이 활동적이지 않아(inactive) 살아 있음을 보여 줄 수 없다는 말을 한 겁니다.

● 무신론자들

일반적으로 사람들은 무신론자들 중에는 이론적 무신론자와 실제적 무신론자(practical atheist)가 있다고 합니다. 이론적 무신론자는 하나님의 존재를 부정하는 사람입니다. 그는 이론적으로 하나님은 존재하시지 않는다고 믿습니다. 실제적 무신론자는 삶 속에서 하나님의 존재를 의식하지 않고 사는 사람입니다.

그러니까 하나님의 존재를 놓고 유신론자와 무신론자가 논쟁을 한다면 하나님의 존재하심과 존재하시지 않음을 증명해야 할 부담이 두 사람 모두에게 있습니다. 이 논쟁이 끝없는 철학적 사변으로 이어질 수 있다는 사실은 (때로는 필요한 변증의 과정이지만) 역사를 통해 알 수 있습니다.

하지만 하나님의 임재를 놓고, 즉 고백의 진실성을 가지고 유신론자와 무신론자가 논쟁을 한다면 하나님의 임재를 증명해야 할 부담은 유신론자에게 있습니다. 실제적 무신론자들은 하나님이 존재하시지 않음을 그 삶을 통해 진실하게 고백하고 있기 때문입니다(물론 약간의 두려움과 망설임이 있기는 하지만).

다시 말하면, 사람들은 하나님이 없는 것처럼 철저하게 자기중심적으로 살아가기 때문에 하나님의 부재를 어렵지 않게 증명하며 살고 있습니다. 이런 세상에서 하나님을 믿는다고 고백한다면 하나님의 임재를 증명하는 일은 고백을 한 사람의 몫입니다. 야고보는 바로 이러한 하나님의 임재를 증명하라고 요구한 것입니다.

행함이 없는 믿음은 하나님은 전능하시고 선하셔서 우리의 삶을 주관하시는 분이라고 고백하면서도, 하나님이 없는 것처럼 살아갑니다. 우리가 죄인 되었을 때 예수 그리스도가 우리의 죄를 용서하시고 다시 하나님의 자녀가 되도록 하시려고 죽으시고 부활하셔서 오직 믿음을 통해 이 특권을 누리게 되었다고 말하면서도, 이 세상이 전부인 것처럼 살아갑니다. 그러니까 행함이 없는 믿음은 실제적 무신론자처럼 보입니다.

물론 극심한 고난과 세상의 유혹 앞에서 하나님이 안 보일 수 있습니다. 마치 어린아이처럼 대상영속성(Object Permanence, 특정 대상이 보이지 않아도 계속 존재하는지 아는 것)이 아직 발달되지 않아서 눈에 보이지 않으면 존재하시지 않는 것처럼 행동할 수 있습니다. 하지만 우리의 고백이 진실하다면 그 고백은 사라지거나 죽지 않습니다.

고백이 죽어서 죽은 믿음이라면 그것은 배교이고 믿음의 유무를 논할 수 있습니다. 하지만 그 고백이 여전히 살아 있다면 거기에 선행에 대한 고민이 있고, 행동이 있고, 심지어는 그렇게 살아 내지 못함으로 인한 불편함과 죄책감이 있음은 당연합니다. 고백이 진실한지를 보일 수 있는 최선의 길은 행함입니다.

믿는다는 것을 아무에게도 알리지 않고 그냥 마음으로만 믿고 살아도 구원받을 수 있느냐고 묻는 질문에 야고보가 대답한 것이 아닙니다. 만일 그런 질문을 받는다면 야고보는 이렇게 대답할 겁니다. "분명한 것은 당신의 믿음은 활동적이지 않아서 아무런 기능도 발휘하지 못하고 있습니다."

행함이 없는 믿음은 죽은 믿음이라는 말은 행함이 없으면 믿음이 가짜라는 뜻이라고 말하기는 어렵습니다. 하지만 믿음이 살아 있음을 보여 줄 수 있는 좋은 방법이 행함이라고는 확실히 말할 수 있습니다. 정말 문제는 사람들이 믿음이 살아 있음을 보여 주는 이 일을 심각하게 중요한 일로 여기지 않고 있다는 것입니다.

● 믿음은 단순히 믿는 것뿐만 아니라 사는 것입니다

믿음은 단순히 믿는 것뿐만 아니라 사는 것입니다. 이 말은 달리 표현하면, 믿음은 단순한 지적인 동의가 아니라(이미 살펴본 대로, 지적인 동의가 필요 없다는 의미가 아니라 지적인 동의만으로는 충분하지 않다는 의미로) 신뢰라는 뜻입니다.

많은 분이 성경은 '어떻게 구원을 받을 것인가?'라는 부분과 '구원받은 사람은 이제 어떻게 살아야 하는가?'라는 부분으로 이루어져 있다고 말합니다. 어떻게 구원을 받을 것인가 하는 부분에서도 믿음을 말하고, 어떻게 살아야 하는가 하는 부분에서도 믿음을 말합니다. 대체로 개혁주의에서는 어떻게 구원을 받을 것인가 하는 부분에서 이야기하는 믿음을 '구원에 이르는 믿음'(saving faith)이라고 불렀고, 어떻게 살아야 하는가 하는 부분에서 말하는 믿음을 '살아 있는 믿음'(living faith)이라고 불렀습니다.

바울은 주로 구원에 이르는 믿음을 말했고, 야고보는 살아 있는 믿음을 말했습니다(복음서를 보면 주님도 살아 있는 믿음에 관해 더 많이 말씀하신 것 같습니다).

둘은 본질적으로는 같다 말할 수 있지만 기능적으로는 다릅니다. 어쩌면 그동안 교회는 어떻게 구원을 받을 것인가를 강조하느라(이 부분에 행위를 말함으로 구원에 인간의 공적이 필요하다는 주장에 대한 강력한 반발로) 우리의 삶 속에서, 그리고 우리가 살고 있는 세상에서 어떻게 이 믿음을 보여야 하는가를 소홀히 여기지 않았을까 싶습니다.

그래서 '오직 믿음'이라는 말은 마치 어떻게 살아야 하는가 하는 부분에 있어서도 행위가 필요 없는 것처럼 생각하게 만들었습니다. 필요 없다고 생각하지는 않아도 본질적으로 중요하다고 생각하지는 않게 되었음은 분명합니다. 구원을 받는 것이 무엇보다 중요하다 여겼기 때문일 수도 있지만, 믿음으로 인한 칭의가 순간적인 사건인 것을(논리적으로) 마치 구원이 순간적인 사건인 양 지적인 동의만을 구했기 때문일 수도 있습니다.

문고리 하나 고쳤는데 제 아내는 아주 기뻐하며 "살아 있네!"라고 했습니다. 각박한 세상에서 소소한 일에서 마음을 따뜻하게 해 주는 희생과 섬김의 모습을 볼 때 사람들은 말해 줄 겁니다. "살아 있네!" 야고보가 행함이 없는 믿음은 죽은 믿음이라고 한 말은 행함이 없으면 믿음은 본유적으로 죽은 것이라는 말이 아니라 배고픈 사람에게 먹을 것을 주고, 헐벗은 사람에게 입을 것을 주어서 세상 사람들에게 "살아 있네!"라는 말을 듣자는 권면입니다.

"예수 그리스도를 주님으로 믿습니다"라는 고백 때문에 우리의 믿음은 살아 있다고 말할 건 아닌 것 같습니다. 사람들이 존재 여부를 묻는 것보다 거동하고 활동하는 것을 보고 싶어 한다면 말입니다. 주님이 사데 교회에 하신 말씀이 생각납니다. "내가 네 행위를 아노니 네가 살았다 하는 이름은 가졌으나 죽은 자로다"(계 3:1).

Check Point

행함이 없는 믿음은 죽은 믿음이다	행함이란, 믿음이 살아 있음을 보여 줄 수 있는 좋은 방법이다.
	행함이 없으면 활동적이지 않아 그 믿음이 살아 있음을 보여 줄 수 없다.
	행함이 없는 믿음을 가짜 믿음이라고 하기는 어렵다.

나눔을 위한 질문

• 행함이 없는 믿음은 죽은 믿음과 같습니다. 행함이 없는 믿음이어서, 주변에서 무신론자로 오해받은 경우가 있습니까? 당시 느낀 점을 나눠 봅시다.

• 삶 속에서의 행함이야말로 믿음이 있음을 알리는 좋은 방법이라고 할 때, 당신은 어떤 행함을 하고 있거나 해 보려 합니까?

04

믿음이
흔들리는 게
맞나요?

곧 그 아이의 아버지가
소리를 질러 이르되 내가 믿나이다
나의 믿음 없는 것을
도와주소서 하더라
막 9:24

요즘은 진부하게 여겨질 정도로 졸업식 때만 되면 듣는 이야기가 있습니다. '졸업은 끝이 아니라 시작'이라는 말입니다. '졸업'은 영어로 'commencement'인데, 이 단어는 '시작'을 의미하기도 합니다. 솔직히 졸업은 곧 시작이라는 의미는 충분히 동의하지만 실감이 나지는 않습니다. 졸업할 때는 하나의 과정을 마쳤다는 성취감이 워낙 크기 때문입니다.

제가 신학교에 있을 때 한 학생이 신학대학원 마지막 학기 마지막 시험을 마치고 나오면서 복도에서 크게 소리 지르는 것을 들은 적이 있습니다. 강의실에 있던 모든 학생이 큰 소리로 웃으며 그의 심정에 공감했습니다. 배움의 한 과정을 마침으로 얻은 성취감과 안도의 표현이겠지요.

하지만 배움을 삶과 사역에 적용하다 보면 졸업은 진정 배움의 시작일 뿐이라는 사실을 아는 데 그리 긴 시간이 필요하지 않습니다. 그야말로 졸업은 새로운 삶의 단계의 시작일 뿐이기 때문입니다. 저 같은 경우 여러 번 과정을 이수하고도 졸업을 하지 않아서(신학박사 과정, 목회학박사 과정, 독일어 자격 이수 등) 마침표를 찍지 않은 것 같은 아쉬움이 남아 있습니다. 하지만 한편으로 마침표를 찍었다 할지라도 아주 많이 달라지지는 않았겠다는 생각이 더 큽니다.

결혼식도 마찬가지입니다. 결혼식은 시작일까요, 아니면 끝일까요? 과거에는 (헤어지거나 다른 선택의 여지가 없다면) 대체로 결혼식이 끝이라고 생각했다면, 요즘은 인식이 바뀌어 그렇게 생각하지는 않는 것 같습니다. 오랜 '밀당' 끝에 일단 결혼에 성공했다면 드디어 끝났다는 느낌을 충분히 가질 수 있겠습니다. 그리고 새로운 삶이 시작되니까 결혼 전 미혼생활의 끝임에는 틀림이 없지요.

하지만 그럼에도 일단 결혼식만 마치면 그다음은 저절로 살아진다고 생각한다면 대단히 위험합니다. 결혼은 많은 변화가 있는 새로운 삶의 시작입니다. 돌이킬 수 없다면 어떻게든 살아 내야 하는, 대단히 위험한 선택이다 싶을 만큼 결혼은 시작입니다.

🌑 믿음은 시작일까요, 아니면 끝일까요?

믿음이 삶의 과정에서 발생하는 일이라면 끝이면서 동시에 시작입니다. 과거 삶의 방식에 대해서는 끝이고, 새로운 삶의 방식에 대해서는 시작입니다. 그래서 신학적으로는 회심을 이루는 두 가지 요소로 회개와 믿음을 이야기합니다.

논리적으로, 믿음의 고백을 하는 순간 그리스도인이 되었다고 말할 수 있고, 그것이 전적인 하나님의 주권적 은혜로 발생한 일이라면 회심을 통해 그 주권적 은혜를 확인한 순간 구원이 확정되었다고 말할 수 있습니다. 이 믿음을 잃어버리는 일은 결코 일어나지 않을 것이라고 전제할 때 말입니다.

하지만 그 믿음으로 곧장 천국에 들어가는 것이 아니라 그날까지 살아가야 하는 과정이 남아 있다면요? 그러면 믿음은 새로운 삶의 시작일 뿐입니다.

문제는 사랑하는 두 사람이 결혼식을 마치면 좋은 일만 있을 줄 알았는데, 그들의 관계를 유혹하고 위협하는 많은 일이 일어난다는 것입니다. 결혼생활과 마찬가지로 그리스도와 혼인해 새롭게 시작한 삶에도 관계를 흔드는 엄청난 시련과 유혹이 가능한 것이 현실입니다.

그러니까 믿음은 (절대로 잃어버릴 수 없다는 전제 아래) 끝이라는 논리적 혹은 교리적 답이 믿음을 흔드는 문제들이 끊임없이 발생하는 현실에서는 괴리감을 느끼게 한다는 것이 우리의 딜레마입니다. 어차피 세상에는 이런 긴장 (이미 임한 하나님 나라와 아직 임하지 않은 하나님 나라의 긴장, 세상에 있으나 세상에 속하지 않은 긴장 등)이 존재할 수밖에 없습니다. 그런데 이런 세상에서 어떻게 살든 믿는다고 고백하기만 하면 구원에는 문제가 없다든지, 아니면 아무도 구원을 확신할 수 없으니 끝까지 살아 봐야 한다는 말 등은 지나치게 긴장을 완화시키는 것 같아서 마땅치가 않습니다.

긴장 상태는 답이 없는 상태를 의미하지 않습니다. 긴장 상태는 긴장할 수밖에 없는 상황에서 깨어 있는 상태를 의미할 뿐입니다. 그러니까 한 번 믿었으면 문제가 해

결되었다는 논리적이고 교리적 정답이 버겁게 믿음을 지
키며 살아 내야 하는 사람들의 현실의 무게를 가볍게 다
루도록 해서는 안 될 것입니다. 또한 반대로 사람은 마지
막 순간까지는 정말 믿는지 아닌지 아무도 모른다는 현
실의 무게가 결혼식을 치르고도 밀당을 하듯 관계를 누
리지 못하게 만들어서도 안 될 것입니다.

● 아버지의 믿음

예수님이 산(예수님이 변형된 모습을 일부 제자들에게 보여 주신 변화
산)에서 내려오셨을 때 마을에서 소동이 있었습니다. 한
아버지가 귀신 들린 아들을 제자들에게 데리고 왔는데
제자들이 고치지 못해 발생한 일이었습니다. 제가 여기
서 주목해 보고 싶은 부분은 예수님과 아버지의 대화입
니다.

아버지는 사실 실망으로 마음이 많이 상한 상태였습
니다. 이미 제자들의 실패를 경험한 후였으니까요. 그는
주님을 만난 후 주님께 "무엇을 하실 수 있거든 우리를

불쌍히 여기사 도와주옵소서"(막 9:22)라고 요청했습니다. 아마도 도와 달라는 이 요청을 이미 제자들에게도 했을 것입니다(막 9:18 참조). 그리고 실망했지요. 그는 예수님께 상황을 다시 설명했습니다. 그러면서 "무엇을 하실 수 있거든"이라고 말했습니다.

이 말은 단순히 불신의 표현이 아니라 한 번 상처를 경험한 사람의 자기 보호일 수도 있고, 혹시 고칠 수 없더라도 무엇이든 도와 달라는 예의 있는 정중한 부탁일 수도 있습니다. 아버지는 아직 예수님이 누구이신지 몰랐으니까요. 그리고 예수님은 그에게 확신을 주는 말씀을 하셨습니다. "할 수 있거든이 무슨 말이냐 믿는 자에게는 능히 하지 못할 일이 없느니라"(막 9:23).

여기서 주님이 말씀하신 믿음이 제자들의 믿음인지, 아니면 아버지의 믿음인지, 혹은 예수님의 믿음인지에 관해서는 해석의 차이가 있습니다. 그러니까 제자들이 믿음이 없어서 귀신 들린 아들을 못 고친 것인지, 아버지가 믿음이 없어서 아들의 병이 고침을 받지 못한 것인지, 혹은 예수님이 자신을 '믿는 자'라고 말씀하신 것인지 애매하다는 뜻입니다. 문맥상, 그리고 마가복음 전체의 흐

름상 저는 아버지의 믿음을 의미할 것이라는 해석을 선호합니다.

아버지는 즉각적으로 반응했습니다. "내가 믿나이다 나의 믿음 없는 것을 도와주소서"(막 9:24). 처음 '도와주소서'라는 말을 사용했을 때는 아들의 상태를 해결해 주시기를 원했는데, 이번에는 자신의 믿음 없는 것을 도와달라고 말했습니다. 결국은 같은 의미일 것입니다. 아버지가 궁극적으로 원한 것은 문제의 해결이었으니까요.

하지만 그의 관심이 단순한 상태가 아니라 자기 자신을 향해 조금은 열린 듯합니다. '내가 믿나이다'라는 말은 단순히 '하실 수 있거든'이라는 말로 주님을 의심해서 그분의 마음을 상하게 했던 일을 죄송스러워하면서 애걸한 표현이라고 보기 어렵습니다. 그러니까 "주님, 마음이 상하셨다면 용서하세요. 내가 믿겠습니다"라는 의미는 아니라는 것이지요. 아마도 자신의 불신이 아들의 병을 고치는 일에 걸림이 되지 않았으면 하는 간절함의 표현이었을 겁니다. 그런데 그렇게 말할 수밖에 없는 것이 아버지의 믿음이고 아버지의 마음입니다.

● "내가 믿나이다
   나의 믿음 없는 것을 도와주소서"

주님이 "믿는 자에게는 능히 하지 못할 일이 없느니라"라고 말씀하셨을 때 그 믿음의 내용이 주관적 마음의 상태를 의미한다면 제자들이 아들의 병을 고치지 못한 것은 제자들 탓이 아니라 아버지의 믿음 탓입니다. 그리고 지금은 예수님이라서 아들의 병이 나은 것이 아니라 예수님의 가르침 때문에 아버지의 믿음이 교정되어서 아들이 고침 받을 수 있었던 것입니다.

하지만 이렇게 보는 데는 무리가 있습니다. '내가 믿나이다'라는 아버지의 말은 예수님을 신뢰하겠다는 고백으로 보아야 할 것입니다. 그런데 이미 실패를 경험해 실망한 아버지의 마음은 담담하고 편안할 수 없었습니다. 예수님을 온전히 신뢰하기로 했지만 아직 예수님이 누구이신지도 잘 알지 못했고, 그분이 무엇을 하실 수 있는지도 잘 몰랐습니다. 하지만 정말 신뢰하고 싶었습니다. 그래서 말했습니다. "내가 믿나이다 나의 믿음 없는 것을 도와주소서"(막 9:24).

믿는데 믿음이 없다고 합니다. 영어 성경으로 보면 그 대조가 조금 더 선명합니다. "I believe; help my unbelief!"(ESV). 이것은 모순이 아니라 역설입니다. 믿음과 불신이 반반 섞여 있다는 의미가 아니라, 믿었다 안 믿었다 한다는 말이 아니라, 온전히 믿지만 여전히 불안하고 여전히 잘 모르겠다는 긴장 상태를 가리킵니다. 절망적인 상태에서 예수님밖에 답이 없어서 그분을 의지하지만 자신으로서는 아무것도 할 수 없고, 무엇을 해야 하는지도 모르는 아버지의 마음이 그대로 표현된 고백입니다.

같은 단어를 사용하고 있지만 그 의미는 분명히 다릅니다. 하나는 시작을 의미하고, 다른 하나는 과정을 의미한다고 할 수도 있습니다. "내가 믿나이다"라는 고백이 신뢰의 시작을 의미한다면, "나의 믿음 없는 것을 도와주소서"라는 고백은 계속 배우고 의지하겠다는 신뢰의 과정을 의미한다는 뜻입니다. 제가 이해하기에, 아들이 고침을 받고 난 후에 아버지는 주님을 신뢰하며 살아가는 과정에서 "나의 믿음 없는 것을 도와주소서"라는 말을 무수히 해야 했을 것입니다.

● 우리의 믿음

믿음을 단순한 지적인 동의로 생각하면 믿으면 믿는 것이고 안 믿으면 안 믿는 것이지, 믿으니 불신을 도와 달라는 말이 이해가 되지 않습니다. 하지만 믿음을 인격적 신뢰로 여기면 다릅니다. 분명히 믿는데도 믿음을 실천하지 못해서, 믿음이 삶 속에서 제대로 작동하지 않아서 믿지 못하는 것 같은 복잡한 마음의 상태를 이해할 수 있습니다. 믿었다 안 믿었다 한다는 말이 아니라 분명히 믿는데도 안 믿는 것 같은 심리적 흔들림이 있습니다. 심리적 불안 때문일 수도 있고, 외적 환경이 원인일 수도 있습니다.

"분명히 믿는데 왜 이렇게 마음이 불안합니까?", "분명히 믿는데 왜 점점 더 힘든 일만 생기지요?" 목회를 하면서 어렵지 않게 들었던 말입니다. 그분들은 분명히 믿는다고 하면서도 자기는 믿음이 없다는 결론을 내리곤 했습니다. 분명히 믿는데, 믿음이 없답니다. 저는 오히려 그분들께 "믿음이란 원래 그런 거예요. 그러니까 흔들리지 말고 믿는 바를 붙들어야 합니다"라고 말해 주고 싶었습니다. 그것은 위선에서 비롯된 모순이 아니라 긴장에서 비롯된 역설입니다.

다른 교회에 다니는 한 성도님에게 전화가 걸려 왔습니다. 딸로 인해 겪고 있는 아픔을 이야기했습니다. 그분의 딸은 살아온 이야기를 듣는 저도 숨이 막히고 가슴이 답답할 만큼 억울하고 힘든 삶을 살았습니다. 평생 하나님을 섬기며 믿음으로 산 분입니다. 그 성도님은 하나님이 왜 딸을 그렇게 힘들게 하시는지 모르겠다고 했습니다. 그러면서도 하나님을 믿는다고 했습니다. "하나님께 제가 알지 못하는 계획이 있겠지요? 이 딸도 제게 주신 선물이 맞지요?"라고 거듭 자신의 믿음을 확인하는 모습이 정말 고마웠습니다.

그런데 그러다가도 갑자기 "제가 너무 믿음이 없는 거죠? 저 때문에 제 딸이 그렇게 힘든 거죠?"라고 했습니다. 제게는 그 모습이 믿음이 부족해서 하나님을 붙잡지 못하는 모습으로 보이지 않았습니다. 오히려 답답한 현실에서 하나님에 대한 신뢰를 놓지 않으려고 하나님을 붙들고 몸부림치는 모습으로 보였습니다.

믿음을 통해 구원이 단번에 임한다 할지라도, 구원받

은 성도로 세상을 살아 내야 하는 과정이 남아 있는 한 신뢰를 흔드는 시련과 불안은 불가피합니다. "내가 믿나이다 나의 믿음 없는 것을 도와주소서"라는 아버지의 외침은 믿지 않는 사람의 외침이 아닙니다. 믿기 때문에 믿음으로 살려고 하는 사람의 부르짖음입니다.

"분명히 믿는데 왜 이렇게 마음이 불안하지요?"라는 말에서 '분명히'라는 표현은 거짓이나 위선이 아닙니다. 매우 진실한 고백이라 할지라도 불안할 수 있습니다. 마치 배를 타고 바다 위에 앉아 있으면 파도에 배가 흔들리는 것이 당연하고, 심하게 흔들리면 배가 뒤집어질 것만 같은 (절대로 안 뒤집어질 것이라는 확신이 있어도) 불안이 엄습하는 것과 마찬가지이지요.

믿음의 고백은 단번에 일어난 사건일지라도, 그것은 믿음의 여정의 시작일 뿐입니다. 가장 확실한 시작이고 결과가 매우 분명한 시작이라 할지라도 믿음은 시작입니다. 믿음이 끝이라고 말하면 자칫 믿기 시작한 순간부터 주님이 부르실 순간까지의 시간이 의미 없는 공백이 될 수 있습니다.

성경은 우리가 죽을 때까지는 아직 시작도 아니라고

말하지는 않지만, 우리가 믿을 때 끝이라고 말하지도 않습니다. 이제 우리는 그리스도를 믿음으로, 주와 함께 "나의 믿음 없는 것을 도와주소서"라는 고백을 붙들고 사는 새로운 삶을 시작하는 것입니다.

Check Point

믿음	끝	과거 삶의 방식에 대해서 (믿음은 절대로 잃어버릴 수 없다는 전제 아래)
	시작	주와 함께하는 새로운 삶의 방식에 대해서

나눔을 위한 질문

- 믿지만 믿음이 없는 자신을 도와 달라고 기도한 적이 있습니까?
- 그 고백과 기도를 한 후 달라진 경험이 있다면 나눠 봅시다.

05

믿는 자에게는
하지 못할 일이
없나요?

예수께서 이르시되
할 수 있거든이
무슨 말이냐 믿는 자에게는 능히
하지 못할 일이 없느니라 하시니
막 9:23

성경은 이야기나 경구 모음집 혹은 윤리적 사전이 아닙니다. 그렇기 때문에 성경 구절의 의미는 항상 문맥에서 이해되어야 합니다. 종종 힘이 된다 싶은 성경 구절을 문맥에서 떼어 사용하는 경우가 있는데, 그러면 원래의 의미를 상실할 가능성이 매우 높습니다. 가장 대표적인 예가 욥기 8장 7절일 겁니다. "네 시작은 미약하였으나 네 나중은 심히 창대하리라." 참 용기가 되는 구절이라서 심지어 믿지 않는 사람들도 좋아합니다.

하지만 이 말씀은 하나님이 하신 말씀이 아닙니다. 욥의 친구 빌닷이 응징신학적 배경에서 했던 말입니다. 빌닷은 욥이 고난당하는 이유가 그의 죄에 대한 하나님의 심판이라고 믿었습니다. 따라서 욥이 비록 지금은 다 잃어버렸지만 회개하고 하나님께로 돌아오면 하나님이 회복시켜 다시 전처럼 번성하게 하실 것이라는 의미에서 이 말을 했습니다. 하지만 빌닷의 말은 틀렸습니다. 욥이 고난을 당한 것은 죄에 대한 하나님의 심판이 아니었으니까요.

"네 시작은 미약하였으나 네 나중은 심히 창대하리라"라는 말씀을 문맥에서 떼어 마치 하나님이 하신 약속처럼 만드는 것은 다분히 기복적이고 일종의 욕망을 합리화하는 일입니다. 해석적 적용의 다양성을 생각하면 이런 적용도 가능하다 말할 수 있을지 모르지만, 본문의 원래 의미를 바로 이해하려면 문맥을 잘 살피는 것이 중요합니다.

이에 못지않게 중요한 것은 성경 전체를 통해서 가지게 되는 해석의 전제가 무엇인가를 살피는 것입니다. 저는 신학적 전제 없이 성경을 해석하는 일이 가능하지 않다고 생각합니다. 물론 그 전제는 성경 해석을 통해 지속적으로 확인되어야 하고, 때로 문맥에서 의도하는 바에 대한 정직한 자세가 요구되기에 절대적일 수는 없습니다. 하지만 신학적인 전제는 불가피합니다.

예를 들어, 기복적 신학을 전제로 성경을 읽으면 성경

해석이 기복적이 되고, 진보신학적 입장에서 예수님의 신성을 인정하지 않고 성경을 읽으면 예수님이 행하신 기적들을 상징적이거나 특정한 문학 장르에서의 표현으로 해석할 수 있습니다.

기본적으로 저의 신학적 전제는 구속사적 혹은 언약신학적입니다. 따라서 자칫 의도적으로 억지스럽게 기복적 해석을 피하는 것은 아닐까 싶어 조심스러울 때가 있습니다. 그래서 성경 구절을 문자적으로 읽지는 않지만 문자적으로 읽어야 할 가능성은 항상 열어 두고 싶습니다.

● "믿는 자에게는 능히 하지 못할 일이 없느니라"

"믿는 자에게는 능히 하지 못할 일이 없느니라"라는 말씀은 학생 때 교회에서 참 많이 들었습니다. 더불어서 많이 들은 말씀이 있는데, "내게 능력 주시는 자 안에서 내가 모든 것을 할 수 있느니라"라는 빌립보서 4장 13절입니다.

특별히 빌립보서 4장 13절 말씀은 바울이 감옥에 있

으면서 어떤 상황에서도 자족하는 법을 배웠다는 고백일 텐데, 당시는 '하나님은 전능하시니 우리가 원하는 것은 무엇이든지 할 수 있고 얻을 수 있다'는 의미로 받아들였습니다.

사실 우리가 의심하는 것이 하나님의 전능하심이 아니라 하나님의 의도라서 "하나님이 하실 수 있는가?"라는 질문보다는 "하나님이 원하시는가?"라는 질문이 더 합당한 상황에서도, 하나님은 무엇이든지 하실 수 있는 분이라는 사실만 강조함으로 마치 우리가 원하는 것을 얻지 못한 까닭이 우리의 믿음이 부족해서인 것처럼 호도되기도 했습니다.

게다가 '하나님은 무엇이든지 하실 수 있는 분이니까 하나님께 잘 보여야 한다'는 식으로 교회에 대한 헌신과 충성을 요구하고 개인을 향한 순종을 원할 때는 그 의도가 악하다는 생각이 들 정도입니다. 궁극적으로 우리가 원하는 것보다 하나님의 원하심이 이루어지는 것이 우리를 위한 최선이라는 하나님의 선하심에 대한 신뢰가 있음에도 말입니다.

"믿는 자에게는 능히 하지 못할 일이 없느니라"라는 말씀도 믿으면 무엇이든지 할 수 있고 얻을 수 있다는 말로 통용되는 경향이 있습니다. 정말 믿음이 있다면 못 고칠 병이 없고 해결하지 못할 문제가 없는데 믿음이 없어서 여전히 고통과 고난 가운데 있는 것이라고, 의심하지 말고 믿으면 된다고 말합니다.

과연 무엇을 믿으면 된다는 말일까요? 하나님의 선하심을? 반드시 병이 나을 것이라는 개인적인 확신을? 하나님은 반드시 고쳐 주실 수 있다는 사실을?

여기서 믿는다는 말을 단순히 정신 통일처럼 생각하는 것도 문제이지만, '모든 문제는 반드시 해결된다는 확신에 달려 있다'고 주님의 말씀을 공식화하는 것도 문제입니다. 각자를 향한 하나님의 계획과 뜻이 다 달라서 어떤 공식이나 노하우가 있는 것이 아님에도, 연약한 우리는 성경을 읽으면서 원리를 찾으려고 하기보다는 공식을 알아내려고 합니다.

사실 복음서를 보면 주님이 병을 고치신 방법과 과정이 매우 다양합니다. 어느 때는 믿음을 보고 고치셨고, 어느 때는 불쌍히 여기셔서 고쳐 주셨고, 어느 때는 아무것도 하지 않았는데 고치셨고, 어느 때는 고침 받기 위해 순종을 요구하기도 하셨습니다. 각 사건마다 주님이 계시하시고자 한 바가 달랐기 때문입니다. 따라서 특정한 사건에서만 볼 수 있는 것을 마치 공식인 양 해석하는 일은 위험합니다. 공식이란 말 그대로 어떤 경우에나 적용되는 방법을 의미하니까요.

"믿는 자에게는 능히 하지 못할 일이 없느니라"라는 말씀은 믿으면 모든 문제가 해결된다는 공식이라기보다는 고난 중에 있는 아들을 둔 아버지에게 "예수님을 신뢰할 수 있겠는가?"라고 물으신 주님을 향한 초청으로 보입니다. 설령 믿음이라는 것이 능력이 나타나게 하는 수단이라 할지라도 수단보다는 능력을 나타내는 주체를 주목하라는 의미이지요. 특히 이 사건은 아들을 고쳐 주지 못한 제자들을 향한 교훈도 의도되었던 것 같습니다. 조금 더 살펴보겠습니다.

● 예수님의 마음

예수님은 변화산에서 내려오셔서 마을에서 일어난 소

동에 관한 이야기를 들으시고는 "믿음이 없는 세대여 내가 얼마나 너희와 함께 있으며 얼마나 너희에게 참으리요"(막 9:19)라고 말씀하셨습니다.

당시 주님은 산에서 내려오시면서 함께 갔던 제자들에게 자신이 받을 고난과 죽음에 관해 설명해 주셨습니다. 그리고 나서 마을에서 있었던 소동을 보셨던 것입니다. 그러니 주님이 대신 고난을 받고 죽으셔야 했던 사람들의 비참한 상태가 너무 속상하고 불쌍하기도 하셨을 겁니다. 주님 당시의 세대만 믿음이 없는 세대는 아니었을 테니, 조금은 생뚱맞아 보이는 "내가 얼마나 너희와 함께 있으며 얼마나 너희에게 참으리요"라는 말씀은 이제 십자가 고난을 눈앞에 두신 주님이 사람들의 비참한 상태를 특히 안타까워하시고 슬퍼하신 것이겠다 싶습니다.

그러니까 여전히 고난 중에 아둥거리는 사람들의 모습이 짜증 난다거나, 몇 년을 함께했는데도 병도 못 고치는 제자들이 한심하다는 의미에서 내신 역정이 아닙니다. 고난의 절정에서 주님이 고난을 받으셔야 하는 이유가 되는 그 백성에 대한 안타까움과 슬픔, 그리고 그들이 예수 그리스도를 통하지 않고는 아무런 소망도 없다는 사실을 알아야 한다는 주님의 마음을 보여 주신 것이라고 볼 수 있습니다.

그리고 예수님은 귀신 들린 아들의 아버지와 대화를 나누시는 중에, 무엇을 하실 수 있거든 도와 달라는 그에게 "할 수 있거든이 무슨 말이냐 믿는 자에게는 능히 하지 못할 일이 없느니라"라고 말씀하셨습니다. 이미 제자들을 통해 실패를 경험한 아버지로서는 소문만 들었지 그 능력을 한 번도 경험해 본 적이 없는 분을 찾아와서 정중하게 간청한 것이었습니다. "하실 수 있거든"이라고 말했다고 해서 주님이 언짢으셨다거나 고침 받을 자격이 없는 자라고 생각하시지는 않았을 겁니다.

사실 "하실 수 있거든"은 우리 주님도 겟세마네 동산에서 기도하면서 하신 말씀이 아닌가요? (같은 어원의 헬라어가 사용되었으니까) 이는 능력을 의심하는 말이 아니라 의도와 뜻을 묻는 말입니다. 그 의도에 순종할 준비가 되어 있지만 그 길을 따라가기가 너무 힘들다는 고백입니다.

그런데 주님은 "할 수 있거든이 무슨 말이냐 믿는 자에게는 능히 하지 못할 일이 없느니라"라고 말씀하셨습니다. 그렇다면 '할 수 있거든이 무슨 말이냐'가 무슨 뜻이겠습니까? '내가 그런 능력이 없는 줄 아느냐'라는 의미가 아니라 귀신 들린 아들을 고쳐 주려는 불쌍히 여기는 마음(아버지는 "우리를 불쌍히 여기사 도와주옵소서"라고 절규했습니다)을 의심하지 말라는 의미일 겁니다. '믿는 자에게는 능히 하지 못할 일이 없다'는 말도 같은 맥락에서 이해해야 합니다.

오래된 주석이기는 하지만 C. E. B. 크랜필드(Cranfield)는 이 부분을 주석하면서 3가지 가능한 해석을 소개했습니다.

첫째, 믿음을 가진 사람은 못할 것이 없다.

둘째, 믿음을 가진 사람을 위해서는 못해 줄 일이 없다.

셋째, 믿음을 가진 사람에게는 불가능한 것이 없다(다시 말하면, 믿음을 가진 사람은 예수님이 하실 수 있는 일에 어떤 제한도 두지 않는다).

그는 세 번째 해석을 선호했습니다. 물론 당시 상황에서는 예수님이 귀신 들린 아들을 고쳐 주실 수 있음을 믿는 것을 의미합니다.

하지만 하나님이 무엇이든지 하실 수 있다는 말이 언제나 병을 고쳐 주실 수 있다는 의미로 나타나야 하는 것은 아닙니다. 혹시 제 딸이 급한 일이 생겨서 제게 "아빠, 혹시 하실 수 있으면 아이 좀 봐 주실래요?"라고 묻는다면 제 능력을 묻기보다는 제 의지를 묻는 겁니다. "그게 무슨 말이야? 당연히 봐 줘야지"라는 대답은 그럴 능력이 있다는 의미가 아니라 그럴 의지가 있다는 뜻입니다. "할 수 있거든이 무슨 말이냐 믿는 자에게는 능히 하지 못할 일이 없느니라." 제게는 이 말씀이 "내가 왜 너를 긍휼히 여기지 않겠느냐? 내가 너를 위해 무엇이든지 해 줄 수 있다는 사실을 믿을 수 있겠니?"라는 의미로 들립니다.

그리고 주님은 모든 사람의 질병을 고쳐 주시지는 않았지만, 궁극적으로 모든 사람을 위해서 질병의 원인과 결과인 죄와 죽음의 문제를 해결하고자 십자가 죽음의 길을 가셨고, 다시 살아나셨습니다.

'능히 하지 못할 일이 없다'는 말은 하나님의 절대적이고 무한한 사랑을 의미합니다. 비록 죽음을 통과해야 하는 상황에서도 결코 놓지 않고 끝까지 함께하실 인내의 사랑을 의미합니다. 믿는 자는 무슨 병이든지 다 고칠 수 있고 원하는 것은 다 소유할 수 있다는 의미가 아니라, 믿는 자를 위해 우리 주님이 하시는 일은 능력으로 인한 한

계도 없고 불성실함으로 인한 태만도 없다는 의미입니다. (복음서에서 자주 접하는 대로) 귀신 들린 아들의 아버지에게는 그 아들의 병을 고쳐 주심으로 그 사랑이 나타났지만 그것 역시도 하나님의 사랑을 보여 주는 최종적인 것은 아니었습니다.

이 사건이 변화산 사건과 고난과 죽음에 관한 주님의 말씀과 연결되어 있다는 점이 의미심장합니다. 결국 이 믿음도 '믿음대로 된다'는 지적인 동의나 자기 확신이 아니라 우리 주님이신 예수 그리스도의 왕 되심과 주 되심에 대한 신뢰입니다.

"내게 능력 주시는 자 안에서 내가 모든 것을 할 수 있느니라." "믿는 자에게는 능히 하지 못할 일이 없느니라." 제가 이 고백을 담대하게 할 수 있고 이 고백에서 힘을 얻을 수 있는 이유는 나의 원함을 이룰 수 있는 가능성을 확인했기 때문이 아니라 죽음과 부활을 통해 확증된 예수 그리스도의 은혜와 사랑 때문입니다.

● 이 주님을 우리가 믿을 수 있겠습니까?

우리가 "믿는 자에게는 능히 하지 못할 일이 없느니라"라고 말씀하신 주님을 믿는데도, 우리 삶의 현장에는 여전히 고통이 있고 질병으로 인한 불편함이 있습니다. 그런데도 우리가 주님을 신뢰할 수 있겠습니까? 그렇게 오랫동안 기도하고, 그렇게 간절히 믿는다고 고백했는데도 아직도 버겁고 힘든 삶을 살고 있는데 주님을 신뢰할 수 있겠습니까?

저는 목회자로서 병중에 힘들어하는 교인들을 보면 너무 마음이 아파서 기도가 저절로 간절해집니다. 때로는 제발 고쳐 달라고 눈물로 기도합니다. 그렇게 기도하면서 제 마음에 드는 생각이 있습니다. '주님은 이렇게 간절하게 기도하는 나만큼도 이 교인을 불쌍히 여기시지 않을까?'

절대로 그러실 리 없지요. 주님은 제 마음으로는 짐작조차 할 수 없을 만큼 그 교인을 사랑하십니다. 제가 감당할 수 없는 주님의 사랑을 확증하는 때는 우리 주님의 십자가 죽음을 기억하는 순간입니다. 주님의 사랑이 분명하다면 제가 모르는 주님의 계획이 있는 것이다 싶습니다. 그때는 "주여, 내가 믿나이다. 나의 믿음 없는 것을 도와주소서"라는 기도가 저절로 나옵니다.

고난의 현실에서 "왜?"에 대한 답이 없습니다. "어떻게?"에 대한 답도 없습니다. 그런데 한 가지 분명한 사실은 의심의 여지가 없습니다. 기어코 선을 이루실 하나님의 사랑입니다. 그리고 그 사랑의 확증은 바로 십자가의 죽음과 부활입니다. 그 주님이 말씀하십니다. "할 수 있거든이 무슨 말이냐 믿는 자에게는 능히 하지 못할 일이 없느니라."

그런데 어찌 이 말씀이 단순히 병을 고치는 수단으로 들릴 수 있습니까? 우리는 고난 중에 고쳐 달라 말하고, 주님은 "너를 위해 내가 죽었다"고 말씀하십니다. 이는 동문서답이 아닙니다. 우리의 유일한 소망이신 주님의 사랑의 선언입니다. "믿는 자에게는 능히 하지 못할 일이 없느니라"라는 말씀은 위대한 사랑의 선언입니다.

Check Point

"믿는 자에게는 능히 하지 못할 일이 없느니라"	우리를 긍휼히 여기사 우리를 위해 무엇이든 해 줄 수 있다는 사실을 믿을 수 있느냐는 위대한 사랑의 선언

나눔을 위한 질문

- 믿는 자에게는 주님이 능히 하시지 못할 일이 없음을 고백할 수 있습니까?
- 병중이나 고난 중에 이 고백을 하면서 주님의 사랑을 경험한 일이 있다면 나눠 봅시다.

06

믿음이
선물인가요?

너희는 그 은혜에 의하여
믿음으로 말미암아 구원을 받았으니
이것은 너희에게서 난 것이 아니요
하나님의 선물이라

엡 2:8

선물은 주어지는 것이지 받아 내는 것이 아닙니다. 생일이나 크리스마스 같은 절기가 되면 어린 자녀들은 선물을 기대합니다. 자기가 원하는 물건을 사 달라고 떼를 쓰기도 합니다. 부모로서는 경제적으로 상당히 부담을 느껴 고민하기도 하고, 원하는 물건을 사 주지 못할 때 미안한 마음도 느낍니다. 원래 선물의 정의를 생각하면 의무일 수도 없고 요구되어서도 안 되는데 말입니다.

어느 때는 행위에 대한 보상으로 선물의 부담을 느낍니다. 누군가에게 도움을 받으면 고마운 마음을 전하기 위해서 왠지 선물을 해야 할 것 같은 부담이 있습니다. '과일 상자를 보낼까? 너무 약소한 것은 아닌가? 돈을 드릴까? 너무 성의 없다고 하지 않을까?' 그렇게 부담을 느끼는 이유는 고마움을 어떻게 표현해야 할지 몰라서이기도 하지만, 선물을 하지 않으면 비난받을까 봐 두렵기 때문이기도 합니다(사실 도움을 준 사람은 전혀 아무것도 기대하고 있지 않은데도 말입니다).

또 어느 때는 사랑의 표현으로 선물의 부담을 느끼기도 합니다. 사랑하는 사람에게 사랑한다는 마음을 표현하기 위한 방법으로 선물을 주지요. 앞서 이야기한 어린 자녀들의 생일이나 크리스마스 같은 절기에 선물을 하는 이유가 바로 사랑의 표현입니다. 그런데 이때 사랑하는 사람의 마음보다는 선물에 더 관심을 가지거나, 마치 당연히 해 주어야 하는 것처럼 의무로 여겨질 때 선물을 하는 사람으로서는 섭섭한 마음도 생깁니다. 선물이 선물이 아닙니다.

정도가 심하면 선물이 뇌물이 되겠지만 선처를 베풀어 달라는 의미로, 어떤 혜택을 정말로 원한다는 마음의 표현도 선물이라고 부르기도 합니다. 주어진 혜택에 비하면 마음의 표현으로 요구된 것이 턱없이 적을 때 조건이 주어진 혜택에 묻히기도 하지요. 그 조건은 아무것도 아니기 때문에 조건도 선물이 되는 겁니다.

가령 제가 손녀에게 "할아버지를 사랑한다고 말해 주면 할아버지가 맛있는 거 사 줄게"라고 말한다면 저는 손

녀에게 이미 맛있는 것을 사 줄 마음을 가졌지만, 사랑한
다는 말을 조건으로 제시한 것입니다. 어린 손녀이지만
조건이 붙었다는 것 때문에 마음이 상해서 사랑한다는 말
을 하지 않으려고 할 때도 있습니다. 하지만 사랑한다고
말하라는 조건은 엄밀히 보면 조건이 아니라 선물을 주고
받는 관계의 확인일 뿐입니다. 조건이 조건이 아닙니다.

● 믿음은 선물입니다

믿음이 선물인가요? 다시 말하면, 믿음이란 주어지는 것
인가요, 아니면 받아 내야 하는 것일까요? 아니면 다른 무
엇인가를 받아 내기 위해서 채워져야 하는 조건일까요?

　믿음이 선물이라고 생각하는 데 가장 많이 기여한 성
경 구절이 있다면 에베소서 2장 8절이 아닐까 싶습니다.
"너희는 그 은혜에 의하여 믿음으로 말미암아 구원을 받
았으니 이것은 너희에게서 난 것이 아니요 하나님의 선
물이라."

　사실 이 구절은 믿음이 선물이라고 말하지는 않습니

다. 구원이 선물이라고 말하지요. 구원이 선물인 이유는 우리에게서 난 것이 아니라 하나님에게서 난 것이기 때문입니다.

구원은 하나님에게서 난 것이지만 그 구원을 받기 위해서 믿음이 필요하다면 믿음은 조건이 될 수 있습니다. 여기서는 조건이라는 말보다는 '통로'라는 표현을 쓰겠습니다. '말미암아'라는 전치사에 통로라는 의미가 담겨 있다고 여겨지기 때문입니다.

믿음은 은혜로 인한 구원을 가능하게 만드는 통로의 역할을 합니다. 믿음도 하나님의 선물이라는 말을 노골적으로 하지는 않고 그 선물을 받기 위한 조건으로 말한 겁니다. 구원 자체가 하나님에게서 난 선물이라면 믿음도 그 선물에 포함되어야 한다는 것은 논리에 근거한 전제일 뿐이지요. 믿음이 사람에게서 난 것이라면, 즉 우리의 의지에 의해서 결정된다면 전적으로 하나님에게서 난 것이라고 말하기가 어려워지기 때문입니다.

신학적으로 설명하자면 이렇습니다. 믿음이 가능해지려면 중생(거듭남, regeneration)을 해야 하는데, 중생은 오직 성령에 의해서 가능합니다. 믿음과 회개의 의식적인 반응도 거듭나게 하시는 성령의 결과로서 구원을 이루시는 성령의 역사의 일부분입니다. 따라서 믿음과 회개도 하나님의 선물이라고 볼 수 있습니다. 간단하게 말하면, 우리가 믿게 된 것은 사실은 하나님의 주권적인 은혜의 결과라는 것입니다.

이와 다른 신학적인 입장을 취해서 중생과 회심을 동시적 사건으로 보고 우리의 의지적 행위로서의 믿음을 강조하는 사람들도 있습니다. 그들은 하나님의 거저 주시는 은혜란 하나님이 마치 배고픈 사람을 살릴 수 있는 음식을 한 상 차려 놓고 마음껏 먹으라고 하시는 것과 같다고 말합니다. 하지만 믿음으로 그 음식을 먹어야 할 책임은 사람에게 있습니다. 풍성한 음식은 거저 주신 선물이지만 사람이 먹지 않으면 소용이 없습니다.

저는 이 입장도 일리가 있어서 인간의 자유의지를 잘 보여 주고 있다고 생각합니다. 하지만 제게 고민이 되는 부분은 사실 자유의지의 문제가 아니라 의지적 능력의 문제입니다.

예를 들면 이런 겁니다. 제 둘째 손녀가 출생한 지 4개월 되었습니다. 이 아기는 배가 고프면 웁니다. 아니, 사실은 배가 고프다는 것조차도 인식하지 못하고 있을지 모릅니다. 그냥 불편함과 부족함에 대한 본능적인 반응일 수도 있습니다. 아기가 울면 부모는 시계를 보고 먹을 시간이 되었으니 배가 고파 우는 것이라고 원인을 분석해서 먹을 것을 줍니다. 아기에게는 자유의지가 있지만 배고픔에 대한 인식 능력도, 허기진 배를 채울 수 있는 능력도, 음식을 소화시킬 수 있는 능력도 없습니다. 하지만 웁니다. 울면 부모는 아기가 배가 고픈 줄 압니다(울지 않아도 부모는 시간이 되면 알지요).

앞에 좋은 음식을 한 상 차려 놓고 마음껏 먹으라고 한다고 배고픈 아기가 그 음식을 먹을 수 없습니다. 아직 능력이 없기 때문입니다. 배고픔을 느낄 수 있도록 생명이 주어져야 하고, 먹을 것을 주어야 하고, 처음에는 먹여 주어야 합니다. 그러니까 앞의 두 입장은 인간이 스스로 믿을 수 있다고 보는가, 아니면 없다고 보는가의 차이이지 자유의지의 차이는 아니라고 생각합니다.

다른 예를 들어 볼까요? 제 막내아들은 그 아이가 한 살 때 저희 가정에 입양되었습니다. 당시는 그 아이에게 자신의 인생을 결정할 수 있는 능력이 없었습니다. 지금은 스무 살이 훌쩍 넘은 사랑스런 그 아이가 자기의 의사를 묻지 않고 자기를 입양한 것은 자유의지를 침해한 것이라고 말하지 않아 주기를 기대합니다. 그냥 무조건적인 선택의 은혜였다고 말해 주기를 바랍니다(물론 저는 그런 말을 들을 만큼 완벽한 아버지는 아니지만 말입니다).

저희 부부가 그 아이를 선택했다는 말은 그 아이에게 자유의지가 없다거나, 이제는 자기의 의지대로 살 수 없고 제가 원하는 대로 살아야 한다는 말이 아닙니다. 그에게 그런 능력이 없을 때, 선택을 할 수 있는 준비가 안 되었을 때 저희 부부가 그 관계를 시작했다는 말일 뿐입니다.

인간에게 그런 능력이 없었다면 배고픔을 느끼게 만든 것도 은혜이니까 믿음이 선물이라고 말하는 것이 논리적으로 틀리지 않습니다. 이 구원의 일을 시작하신 분이 하나님이시고, 허물과 죄로 죽었던 우리를 거듭나게 하심으로 새로운 관계를 시작하신 분이 하나님이시고, 이 하나님의 사랑에 반응하게 하신 분이 하나님이시고, 이 관계의 선한 일, 즉 구원을 끝까지 이루실 분이 하나님이시라고 말해도 틀리지 않다는 말입니다.

🌑 그럼에도 믿음은 통로입니다

성경 대부분에서는 믿음을 통로로(혹은 조건으로) 여겨서 우리에게 "믿으라" 하고, "믿음을 지키라" 합니다. 명령은 의지적인 행동을 요구합니다. 믿음이 선물이라면 어떻게 요구할 수 있지요? 다시 말해서, 인간에게 스스로 하나님을 믿을 수 있는 능력이 없다면 "믿으라"라는 명령은 불가능을 요구하는 것이 아닌가요? 마치 갓난아기에게 "먹으라"고 명령하는 것 같고, 죽은 사람에게 "일어나라"고 말하는 것 같습니다.

저는 솔직히 하나님의 주권적인 섭리와 인간의 자유의지의 관계에 관해서는 잘 모르겠습니다. 인간의 자유의지도 하나님의 계획 안에 있다고 말한다면 동의가 안 되는 것은 아니지만, 그것이 어떻게 상호작용하는지는 모르겠다는 말입니다.

이 둘을 연결시켜서 원인 관계를 알 수 없다면 두 개의 전제를 각기 다른 상황에서 따로 믿어야 합니다. 다시 말해서, 3차원의 입체를 2차원의 평면에 그린다면 가능한 방법은 입체처럼 보이도록 하는 조감도나 다른 각도를 보여 주는 설계도를 이용하는 것입니다.

저는 성경이 하나님의 무한하심을 인간의 유한함 안에 표현하면서 때로는 조감도를 사용하지만, 때로는 설계도를 사용한다고 생각합니다(물론 이 설계도가 너무 복잡해서 전체적인 그림이 머릿속에 잘 그려지지는 않지만).

그러니까 하나님의 주권적인 구원 성취의 과정에서 보자면 믿음이 하나님의 선물이지만, 그 계획 안에 인간의 자유의지를 통한 표현을 요구하기로 하셨다면 의지적 결단의 조건입니다. 둘 다 맞지만 우리는 이 두 전제의 연결 고리를 모를 뿐입니다. 그러니까 이 둘이 어떤 문맥에서 사용되었는가를 보는 것이 중요합니다.

'어떻게 구원이 가능해지는가?' 하는 구원에 관한 설명을 할 때, 혹은 이 구원이 전적인 은혜에 의한 것이라서 인간의 행위나 공적을 자랑할 수 없음을 말할 때 믿음은 선물이었습니다. 그렇게 임한 구원에 합당한 삶을 살아 내야 할 때, 인간이 구원의 역사에 동참해야 할 의지적 결단을 강조할 때 믿음은 조건이었고 명령이었습니다.

● 믿음의 요구는 사랑의 요청입니다

그 어떤 비유나 예도 믿음의 양면을 일직선상에서 설명하기에 부족하지만(유한한 인간의 경험으로 무한에 관한 이야기를 설명하는 것은 언제나 한계가 있으니까요), 처음에 말씀드린 예를 다시 한 번 생각해 보면 어떨까 싶습니다.

제가 제 손녀에게 "사랑한다고 말해 주거나 볼에 뽀뽀해 주면 인형 집 사 줄게"라고 말한다면 사랑한다는 고백은 조건이 됩니다. 하지만 그 고백은 제가 너무 사랑에 굶주렸기 때문에, 혹은 제 손녀의 사랑에 대한 확신이 없기 때문에, 즉 저의 필요를 채우기 위해서 요구된 조건이 아닙니다. 이것은 관계의 의지적 확인을 통해 제 손녀에게 확신을 주고, 그것이 저의 기쁨이 되도록 제가 선택한 사랑의 행위입니다.

신학적으로는 이것을 '절대적인 결과적 필요'(Absolute Consequent Necessity)라고 부르는데, 절대적으로 필요해서가 아니라 필요한 것으로 여기기로 했기 때문에 절대적으로 필요한 것이 되었다는 의미입니다.

하나님은 기도하지 않아도 우리의 필요를 채우시지만

기도할 때 주겠다고 하셨습니다. 이것은 기도를 통해 관계를 확인하기 원하시는 주님이 기도를 결과적 필요로 만드셨기 때문일 뿐이지, 하나님이 기도하지 않으면 주실 수 없는 분이기 때문이 아닙니다. 그래서 사실은 기도하지 않아도 우리에게 필요한 것을 주시지요. 다만 하나님은 우리의 기도를 통해 일하기를 기뻐하기로 하신 것입니다.

인간의 의지적인 결단은 그것 없이는 하나님도 어찌하실 수 없는 절대적인 조건이기 때문이 아니라 이미 그 일을 이루신 하나님이 관계를 확인하기 위해서, 그리고 그 관계 안에서 성도의 누림을 위해서 요구하신 조건입니다. 따라서 믿음의 요구는 사랑의 요청입니다. 이런 의미에서라면 "믿으라"라는 명령과 요구도 사실은 선물이고, 선물의 확인입니다.

하지만 동시에 우리는 "믿으라"라고 하며 우리의 의지적 결단을 요구하시는 하나님의 요청을 무시하거나 소홀히 여길 수 없습니다. 진지한 마음으로 주님의 요청에 반응하는 것이 하나님께도 기쁨이 되고 우리에게도 무한한 복이 될 것입니다.

그래서 주님은 오늘도 우리를 청하십니다. "나를 믿으

라!", "나를 따르라!", "나와 함께 가자!" 절대 권력을 가진 왕이 위압적으로 종들에게 명하는 것이 아니라 모든 것을 준비하신 자비로우신 아버지가 사랑하는 자녀에게 명하는 것입니다. 그래서 제게는 '믿음은 선물'이라는 말과 '믿음은 명령'이라는 말이 크게 다르게 들리지 않습니다.

Check Point

1. 구원은 하나님에게서 났지만, 구원을 받기 위해 믿음은 필요하다.

2. 믿음은 구원으로 가는 통로 역할이다.

3. 그럼에도 불구하고 믿음은 하나님의 주권적인 은혜의 결과다.

4. "믿으라"는 요구는 하나님의 요청과 명령이지만 이 또한 선물이다.

나눔을 위한 질문

- 믿음은 선물이라는 데 동의합니까? 믿음이 하나님의 주권적인 은혜로 인한 것임을 어떻게 고백하게 되었습니까?
- 믿음은 선물이지만 또한 "믿으라"는 명령이기도 하다는 것을 어떻게 이해합니까?

07

믿음이
자라나요?

우리는 남의 수고를 가지고
분수 이상의 자랑을 하는 것이 아니라
오직 너희 믿음이 자랄수록
우리의 규범을 따라 너희 가운데서
더욱 풍성하여지기를 바라노라
고후 10:15

저는 미국 동부에 살다가 서부로 이사를 갔습니다. 동부에서 제가 살던 곳 근처에는 한인 식당이 하나밖에 없었습니다. 그래서 한국 음식을 먹고 싶으면 싫으나 좋으나 그 식당에 가야 했습니다. 서부 LA로 이사를 한 후에 정말 좋았던 점은 원하는 대로 한국 음식을 먹을 수 있다는 것이었습니다. 그런데 이내 식당이 너무 많으니까 무슨 음식을 먹어야 할지 몰라 함께 간 사람들이 "뭐 먹고 싶습니까?"라고 서로 물어야 하는 경우가 비일비재해졌습니다. 물론 그것도 시간이 지난 후에는 먹을 만한 게 없다는 불만으로 바뀌었지만요.

현대인들은 '햄릿 증후군'을 앓고 있다고들 합니다. 결정을 내리지 못하고 망설인다는 의미인데, 선택의 폭이 너무 넓어서, 혹은 아직 선택의 자유에 익숙하지 않아서 결정이 힘들어졌다고 합니다. 어떤 사람은 고난을 유난히 싫어하는 현대인들은 결과에 대한 두려움이 너무 커서 제대로 결정하지 못한다고 말하기도 합니다.

신분과 상태는 한순간에 결정되는 것이라서 결정이 유보된 상태는 성장 과정이라고 부를 수 없습니다. 무언가를 결정하고 배워 가는 과정과 결정 장애가 있어서 망설이며 배워 가는 과정은 다른 것이지요. 마치 결혼을 한 후에 서로를 알아 가는 과정과 결혼을 하기 위해서 서로를 알아 가는 과정의 차이라고 할까요? 무언가를 알아 간다는 점에서는 크게 차이가 없다고 말할 수 있지만, 지식과 경험이 관계에 미치는 영향 면에서는 엄청난 차이가 있다고 할 수 있습니다.

현대인들의 문제 중 하나는 선택의 다양함으로 인해, 아니면 고난기피증으로 인해 결정을 망설인 채 그 원인으로 지식의 부재를 탓하고 있는 것인지도 모릅니다. 그러고는 어느 정도 지식이 자라면 선택을 할 수 있다고 생각하지요. 하지만 기본적인 태도에 문제가 있으면 선택할 수 있을 만큼 지식이 자라는 경우가 극히 드물다는 것이 문제입니다.

● 믿음은 순간의 선택입니다

앞서 '믿음이 인간의 선택인가, 아니면 하나님의 선물인가?' 하는 문제에 대해 살펴보았습니다. 여기서는 믿음의 한 요소인 의지적인 면으로서 선택을 생각해 보도록 하겠습니다. 다시 말하면, '믿음이란 한순간의 결정으로 생기는가, 아니면 성장 과정을 통해 한 지점에서 발생하는 것인가?' 하는 문제를 생각해 보고 싶습니다.

믿음이 한순간의 결정이라고 생각하는 경우에는, 믿음이란 있든지 없든지 둘 중에 하나이지 믿어 가는 과정은 존재하지 않습니다. 믿어 가는 과정은 아직 믿지 않는 것이지요. 그래서 믿음은 있든지 없든지 둘 중에 하나이지 약한 믿음, 강한 믿음은 없다고 말하기도 하고, 믿음은 자라는 것이 아니라고 말하기도 합니다.

저는 목회를 하면서 세례 받기를 망설이는 진실한 분들을 여러 번 만났습니다. 아직 믿는다고 말하기에는 모르는 것이 너무 많고 고백대로 살 자신이 없다는 것이 이유였습니다.

저는 그런 분들을 믿음이 있는 자로 여겨야 할지, 믿

음이 없는 자로 여겨야 할지 고민한 적이 있습니다. 아무 생각 없이 무조건 믿는다고 동의함으로 신자가 되었다는 사람들에 비하면 훨씬 더 진지하고 성숙해서 그분들이 참 신자 같았습니다. 그럼에도 결국 신자가 됨은 마음의 결정으로 이루어지는 것이지 구도적 자세로 되는 것이 아니라는 성경의 일반적인 가르침을 생각하면 마음을 정할 수 있도록 성령의 도우심을 구하며 기도하는 일이 마땅하다 싶었습니다.

신앙생활에서 구도적인 자세는 굉장히 중요합니다. 우리는 예수님을 믿고 난 후에도 구도적인 자세를 포기하면 안 됩니다. 하지만 결단이 없는 구도적인 자세를 곧 믿음이라고 부를 수는 없습니다. 진지하게 사귀어 가는 과정은 중요하지만, 그래서 서로에 대해서 누구보다 잘 알아도 아직은 부부 사이라고 말할 수 없는 것처럼 말입니다.

저는 성경이 믿음을 양자택일(either or)의 문제로 말하고 있다고 생각합니다. 그런 의미에서 믿음은 자라는 것이 아닙니다. "예수님을 주님으로 믿고 인정하십니까?"를 묻는 것이지, "예수님을 주님으로 믿는 중이십니까?"

를 묻지 않습니다. 얼마나 진지하고 진실하든지 예수님을 주님으로 영접하지 않았다면 믿음이 없는 것입니다.

하나님이 의롭다 칭하시는 칭의가 순간적인 성령의 일이라면, 회심의 한 부분인 믿음도 결정의 순간이 있어야 하고, 그 결정의 순간을 통해 칭의가 가능해집니다(적어도 논리적으로라도). 그런 의미에서 얼마나 많이 믿는 쪽으로 마음이 기울었든지 믿는다고 고백하는 순간, 선택의 순간이 없다면 믿는다고 말할 수 없습니다.

물론 선택을 하고도 자신이 없어서 그 선택을 분명히 표현하지 못하는 경우는 가능합니다. 분명히 믿으면서도 철저한 성격 때문에, 주변의 잘 믿는 사람들의 외식적인 신앙 행태에 대한 거부감 때문에, 혹은 믿음에 대한 교리적 오해 때문에 믿는다고 고백하기를 망설이는 경우도 있겠다 싶어서 함부로 판단할 수는 없습니다. 하지만 믿음은 틀림없이 순간의 선택을 요구하고, 그것은 정도의 문제가 아니라 유무의 문제입니다.

● 자라나는 믿음

믿음이 자란다는 것에 부정적인 인상을 가지게 되는 이유도 믿음이 단순한 지적인 동의라고 생각하기 때문일 가능성이 큽니다. 칭의에 있어서 믿음은 유무의 문제이지만, 이 믿음을 살아 내는 과정에서의 역동성을 생각한다면 믿음의 성장을 무시할 수 없습니다.

물론 믿음의 성장이 어떤 단계나 수준에 이르는 것을 의미한다면 '강한 믿음', '좋은 믿음'과 마찬가지로 마땅치 않습니다. 그러니까 성장을 마치 키가 자라서 어른이 되어 가는 과정처럼 물리적 현상으로 보아서 한번 어느 단계에 이르면 줄어들지 않는 것으로 생각하면 안 됩니다. 하지만 믿음이 삶 속에서 작용하는 역동적 모습에 대한 묘사라면 믿음이 자란다는 표현도 가능합니다. 단계로의 상승을 설정하지 않은 채 그린, 움직임이 심한 파도 곡선으로 묘사를 하면 조금 도움이 될지 모르겠네요.

저는 제 아내가 좋아서 결혼했습니다. 그때는 마냥 좋아서 늘 함께 있고 싶었고 다른 일에 집중할 수 없었습니다. 33년을 함께 산 지금은 옛날처럼 다른 일에 집중할 수 없을 만큼 함께 있고 싶거나 볼 때마다 마음이 설레지는 않습니다. 그럼에도 지금 저는 그때보다 아내를 더 잘 안다 말할 수 있고, 더 성숙해졌다고도 말할 수 있습니다.

하지만 그것은 아내에 대한 지식과 경험에서 그렇다는 말이지 저의 감정이 그렇다는 말이 아니라서 아내는 사랑이 식었다고 말할 수도 있습니다. 그러니까 관계의 스펙트럼이 넓어졌고 아내의 행동에 대응하는 방법에 노련함이 생기기는 했지만, 그래서 그때보다 지금 더 사랑한다고 말할 수는 없습니다. 그때나 지금이나 아내를 사랑한다는 말이 더 맞을 것 같습니다.

사랑이 자란다는 말은 지식과 경험이 풍성해진다는 말이지, 본유적으로 성장한 사랑이 있다는 의미는 아닙니다. 그럼에도 지식과 경험이 풍성해지는 것을 사랑이 자랐다고 말한다면 저는 그 표현에 대한 거부감은 없습니다.

다시 말하면, 믿음이나 사랑과 같은 것에 총명과 지식이 늘어나면 마치 그 믿음이나 사랑이 더 커진 것 같은 느낌이 듭니다. 그래서 그것을 '사랑이 자란다', '믿음이 자란다'고 표현하지만, 본유적으로 사랑이나 믿음은 수량이나 크기로 표시될 수 있는 것은 아니라는 뜻이지요. 그러니까 33년을 살면서 지식의 측면에서는 성장이 있었다고 볼 수 있지만, 신선함이나 설렘이라는 감성적 측면에서는 식었다고 말할 수도 있다는 겁니다.

믿음이 자란다는 것도 마찬가지입니다. 지식과 경험이 좀 더 풍부해졌다는 의미이고 관점의 스펙트럼이 넓어졌다는 뜻입니다. 그러나 지식과 경험의 풍부함이 언제나 성숙한 반응을 보장하지는 않습니다. 저는 처음 믿을 때보다는 성경 지식도 풍성해졌고 세상살이에 대한 분석도 다양해졌는데 고난과 유혹 앞에서 제 모습은 그대로인 것 같아 답답할 때가 너무 많습니다.

지식과 경험이 자라 가는 것은 매우 귀한 일입니다. 하지만 그것을 통해서 하나님을 붙들고 신뢰해야 하는 일이 남아 있다면, 자라 감이 어떤 수준이나 단계에 이르는 것을 의미할 수 없습니다. 믿음이 자란다는 말을 어떤 단계에 이르렀다고 말하기에는 우리의 믿음의 상태가 때로는 아주 강력한 용수철과 같습니다. 조금 자란 줄 알았는데 조금 더 강력한 유혹 앞에 제자리로 가 버리는 것 같고, 많이 안다 싶었는데 지식이 크게 힘이 되지 않는 경험을 자주 하게 되더라는 것이지요.

● 고린도 교회의 문제

고린도 교회는 바울이 처음으로 복음을 전해 세운 교회입니다. 그런데 그 교회에 유대 지방에서 온 선생들이 들어오면서 문제가 발생했습니다. 그들은 바울의 가르침이 사도들의 가르침과 다르다고 했습니다. 주로 할례와 안식일 등 율법적 요구에 대해 다른 입장을 보였는데, 그들은 그런 바울의 가르침에 정통성이 없다고 비난했습니다.

그러면서 윤리적 문제도 지적했습니다. 남의 영역에 교회를 세우고 사역을 했다는 것입니다. 그러니까 그들의 논리는 이렇습니다. 원래 예루살렘공회(행 15장)에서는 이방인들에게 할례를 요구하지 말라고 결정했는데, 바울이 그 결정을 이방인들에게만 전하지 않고 유대인들에게까지 전해 율법적 전통을 폐하려고 했다면서 그것은 월권이라고 한 것입니다.

바로 그런 상황에서 바울은 고린도후서 10장 13-14절에서 말하기를, 월권을 한 것이 아니라 하나님이 맡기신 일을 하나님이 정하신 범위 안에서 했을 뿐이고, 그래서 고린도에서도 복음을 전한 것이라고 했습니다. 그러고는 15절에서 이렇게 말했습니다. "우리는 주제넘게 다른 사람들이 수고한 일을 가지고 자랑하려는 것이 아닙니다. 다만 바라는 것은 여러분의 믿음이 자람에 따라 우리의 활동 범위가 여러분 가운데서 더 넓게 확장되는 것입니다"(고후 10:15, 새번역성경).

바울은 고린도 성도들의 믿음이 자라기를 바란다고 했습니다. 이 말은 그들이 아직 성숙한 믿음에 이르지 못했다는 뜻이 아니라, 복음에 대한 그들의 이해가 더 넓어져서 이방인들과 세상 곳곳에 복음을 전하는 일을 너그러이 받아들여 주기를 바란다는 의미입니다. 즉 하나님을 신뢰하는 고린도 성도들의 믿음이 부족하다는 뜻이 아니라 관점과 지식이 더욱 넓어져야 한다는 말이지요.

바울은 고린도 성도들을 하나님을 믿었다 안 믿었다 하는 사람들로 본 것이 아니고, 아직 하나님을 덜 신뢰하는 사람들로 여기지도 않았습니다. 다만 하나님의 경륜과 구원 계획에 대해 좀 더 넓게, 깊게, 다르게 생각할 수 있기를 기대한 것입니다. 그리고 그것을 '믿음의 자라감'이라고 표현했습니다. 물론 이해와 활동 범위가 넓어지는 것 자체가 언제나 하나님을 신뢰하는 데 도움이 되는 것은 아닙니다. 지식은 사람을 교만하게 만들 수도 있으니까요.

● 우리는 자라 가야 합니다

바울은 믿음은 들음에서 난다고 말했습니다(롬 10:17). 들음은 지식을 의미합니다. 믿음이 단순한 마음의 상태를 가리키는 것이 아니라 대상에 대한 신뢰를 의미한다면, 대상에 대해서 많이 알수록 신뢰의 폭이 넓어질 수 있습니다. 무조건 믿는다고 말하는 맹신은 건강하지 않습니다. 믿음을 이성과 대치되는 것으로 보지 않는다면, 지식의 습득과 사색을 통한 관점의 확대는 절대적이라고 말해도 좋을 만큼 필요한 것입니다.

'믿음의 자라 감'이라는 말이 마치 우리의 노력에 의해서 하나님의 인정을 받을 만한 단계에 이를 수 있다고 들려서 마땅치 않다면 '믿음 안에서 지식의 자라 감'이라고 말해도 좋고, 믿음의 구성 요소 중 하나인 '지성의 발달'

이라고 해도 좋습니다. 물론 지식의 축적이 성숙한 믿음을 보장하는 것은 아닙니다. 하지만 지식이 신뢰의 근거가 된다면 믿음생활에서 지식은 결코 소홀히 해서는 안 될 중요한 요소입니다.

이미 여러 번 언급했듯이, '믿음의 자라 감'이 인간이 도달할 수 있는 믿음의 어떤 단계를 가리키는 말이라면 자칫 위험할 수 있습니다. 반대로, 믿기만 하면 지식도 중요하지 않고 아무것도 하지 않아도 된다고 말하는 것도 위험합니다.

사실 우리 중에 믿음이 자랐다고 자신 있게 말할 수 있는 사람은 많지 않습니다. 성숙해졌다고 말할 때도 믿음으로 말미암아 관계와 지식이 성숙해졌다는 의미이지, 믿음이 성숙해졌다는 의미는 아닐 겁니다. 그렇지만 믿음은 살아 있는 믿음이기에 우리의 경험과 지식은 자라가야 합니다. 믿음이 순간적이고 단회적으로 발생한다 할지라도 그 믿음으로 살아 내야 하는 삶의 여정에서 지식과 경험, 관계의 성숙은 대단히 중요한 일이기 때문입니다.

Check Point

믿음이 자란다	믿음 안에서 지식이 자라 간다.
	지식과 경험이 좀 더 풍부해지고 관점의 스펙트럼이 넓어져 하나님의 경륜과 구원 계획에 대해 더 넓고 깊고 다르게 생각할 수 있는 것.
	믿음은 한순간 결정으로 생기는가? 아니면 성장 과정을 통해 한 지점에서 발생하는가?

나눔을 위한 질문

• 겉으로 보이지는 않더라도 믿음 안에서 지식이 자라는 것을 느낀 적이 있습니까?

• 믿음이 자라기 위해 당신이 해야 할 일은 무엇인지 나눠 봅시다.

08

겨자씨만 한
믿음이
무엇인가요?

이르시되 너희 믿음이 작은 까닭이니라
진실로 너희에게 이르노니
만일 너희에게 믿음이
겨자씨 한 알만큼만 있어도
이 산을 명하여 여기서 저기로
옮겨지라 하면 옮겨질 것이요
또 너희가 못할 것이 없으리라
마 17:20(눅 17:6 참조)

우리가 일상생활에서 사용하는 말 중에 가장 작은 것을 가리키는 말은 아마도 '눈곱'일 겁니다. 그런데 이 말은 거의 모든 경우에 '아무것도 없다'는 부정적인 의미를 표현하기 위해 사용됩니다. 가령 "네가 나를 눈곱만큼이라도 생각했으면 그런 식으로 대하지 못했을 걸"이라든지, "너에 대한 미련이 눈곱만큼도 남아 있지 않아"라고 말하는 경우입니다. 그러니까 작지만 소중하다는 의미가 아니라 그 작은 것조차 남아 있지 않다는 의미이지요. 있다는 말이 아니라 없다는 말이고, 없음이 결과를 통해 증명된다는 뜻입니다.

한편 작은 것이지만 소중하다는 의미에서 사용되는 말로는 '알밤'이라든지 '콩알'이 있을 겁니다. "알밤만 한 것이 모르는 게 없어", "콩알만 한 게 말도 잘하네" 등이 그 예입니다.

물론 어떤 단어가 부정적 의미에서 사용되었는가, 긍정적 의미에서 사용되었는가는 문맥에 의해 결정됩니다. 그런데 문맥마다 약간씩 다른 의미로 사용될 경우 종합적인 결론을 내리기가 쉽지 않습니다.

성경에 나오는 비유들에서 가장 난해한 것 중에 하나가 '겨자씨 비유'일 것입니다. 실제로 그것이 무엇일까 이해하기도 쉽지 않지만, 약간씩 (때로는 상당히) 다른 의미로 사용되기 때문에 어렵습니다. 성경에서 겨자씨는 부정적으로 사용되기도 했고, '전혀 없다'는 의미로 쓰이기도 했고, 긍정적 의미로 사용된 적도 있습니다. 이런 경우에는 공통점을 찾아서 한 가지 의미로 억지로 맞추려고 하기보다는, 문맥에 따라 서로 다른 의미로 사용되었다고 인정하는 편이 바람직해 보입니다. 그럼에도 저는 '믿음은 단순한 마음의 상태가 아니라 신뢰'라는 점에서 겨자씨 비유들의 공통점을 찾아보고 싶었습니다.

● 마태복음에서 겨자씨만 한 믿음

마태복음에서는 겨자씨에 관한 말씀이 앞서 4장에서 살펴본 마가복음 9장에 일어난 사건과 함께 나옵니다. 주님이 변화산에서 내려오실 때 마을에는 제자들이 귀신 들린 아들을 둔 아버지를 도와주지 못해 소란이 있었습니다. 결국 주님이 귀신을 쫓아내 주셨습니다.

나중에 제자들이 주님께 여쭈었습니다. "우리는 어찌하여 쫓아내지 못하였나이까"(마 17:19). 그때 주님은 "너희 믿음이 작은 까닭이니라"(마 17:20)라고 말씀하시면서 "만일 너희에게 믿음이 겨자씨 한 알만큼만 있어도 이 산을 명하여 여기서 저기로 옮겨지라 하면 옮겨질 것이요 또 너희가 못할 것이 없으리라"(마 17:20)라고 덧붙이셨습니다. 주님이 귀신 들린 아들을 고쳐 주신 이 사건은 마태복음, 마가복음, 누가복음 모두 다루고 있지만, 이 말씀을 기록한 책은 마태복음뿐입니다.

주님이 제자들의 믿음이 작다고 하시면서 겨자씨를 말씀하셨기 때문에, 그들의 믿음은 겨자씨보다도 작아서 기적을 행할 수 없었다는 의미가 됩니다. 어떤 사람들은 주님이 말씀하신 '작다'는 말이 크기가 아니라 '헛되고 허접한 것'이라고 이해하기도 합니다.

사실 겨자씨보다 더 작은 믿음이란 어떤 것일지(삶에서의 실천과 믿음생활을 하는 모습에 있어서) 상상이 안 되기는 합니다. 주님이 하나님 나라를 (작지만 나중에 자라서 큰 나무가 되는) 겨자씨에 비유하신 적이 있기 때문에(마 13장; 막 4:31; 눅 13:19) 겨자씨만 한 믿음이란 '바른 믿음'을 의미한다고 이해하는 것입니다. 저는 성경에서 겨자씨가 작지만 바른 것을 의미하는 경우도 있으니까 '믿음이 아주 작지만 바른 믿음'을 겨자씨만 한 믿음이라고 부를 수도 있겠다고 생각합니다.

그런데 겨자씨만 한 믿음의 결과가 산도 옮기고 못할 것이 없다는 말씀이 석연치 않습니다. 제자들이 귀신을 쫓아내지 못한 이유가 그들의 믿음이 겨자씨보다도 작아서였다는 것이니까요. 그렇다면 그 문제를 해결할 수 없었던 겨자씨보다 작은 믿음이란 어떤 것일까요? 그리고 그 문제를 해결할 수 있었던 겨자씨만 한 믿음이란 어떤 것일까요? 믿음이란 것이 수량으로 측정될 수 있는 것이 아니라면 겨자씨만 한 믿음의 상태는 어떤 것일까 궁금

했습니다.

어떤 마음의 상태일까요? 반드시 된다는 확신일까요? 그렇다면 제자들은 고칠 수 있다는 확신이 눈곱만큼도 없는데 감히 귀신을 쫓아내려고 할 수 있었을까요(마태복음 17장 19절에 의하면, 제자들은 귀신을 쫓아내려는 시도를 한 것 같습니다)?

저는 여기서 주님이 문학적 기법을 사용하셨다고 생각합니다. 결국 주님이 하신 말씀은 "네가 나를 신뢰하지 않고는 아무것도 할 수 없다"는 뜻입니다. 그러니까 '겨자씨 한 알만큼만 있어도'라는 말은 어떤 믿음의 상태를 말한 것이 아니라 '다른 방법은 없다'는 의미인 것입니다.

겨자씨만 한 믿음이 바른 믿음을 의미한다면 무엇이든 할 수 있다는 자기 안에 있는 능력을 가리킬 수 없고, 하나님 나라가 아닌 자기 영광을 구하는 것일 수도 없습니다. 겨자씨만 한 믿음이란 '하나님 나라를 생각하는 마음이 아주 조금이라도 있으면'이라든지 '예수님을 조금이라도 신뢰한다면'이라는 질량의 문제이거나 정도의 문제일 수 없습니다. 다시 말해서, '조금이라도 제대로 믿으면'이라는 의미가 아니라는 말이지요.

이 말은 예수 그리스도를 신뢰하지 않고는 절대로 안 된다는 의미의 문학적 표현인 것입니다. 자기의 힘으로 자기의 나라를 이루려고 하면 절대로 안 된다는 말입니다. 하나님의 나라는 하나님이 이루시고 우리는 연약한 중에도 주님을 신뢰하고 붙듦으로 그 나라의 역사에 동참할 수 있습니다.

그러니까 적어도 마태복음에서 제자들이 귀신 들린 아이를 고치지 못한 이유를 여쭈었을 때 주님이 하신 대답은 "아무도 할 수 없다"는 것입니다. 비록 70명의 제자들이 둘씩 짝을 지어서 전도여행 중에 귀신을 쫓아내고 병을 고친 전력이 있었다 할지라도 그것은 그들의 능력이 아니었습니다. 물론 그들의 믿음도 아니었습니다. 그것은 전적으로 주님의 능력이었습니다.

● 누가복음에서 겨자씨만 한 믿음

누가복음에서는 마태복음에서와는 다른 상황에서 '겨자씨만 한 믿음'의 비유가 사용되었습니다. 한번은 주님이 용서에 관해 말씀하시면서 누가 회개하거든 하루에 일곱 번이라도 용서하라고 하셨습니다(용서에 관한 누가복음의 말씀과 마태복음 18장 말씀은 차이가 있습니다). 그때 사도들이 주님께 "우리에게 믿음을 더하소서"(눅 17:5)라고 요청했습니다.

주님이 말씀하신 대로 하루에 일곱 번이라도 용서하기에는 자신들이 턱없이 부족하다는 의미입니다. 그러니까 그렇게 행하며 살도록 믿음을 더하시든, 더 좋은 믿음을 달라는 부탁인 것이지요. 참 겸손하고 경건해 보이는 반응입니다. 물론 "그렇게는 살 수 없습니다"라는 저항적인 말로 보는 것이 문맥상 더 그럴듯하지만 말입니다.

그때 주님이 "너희에게 겨자씨 한 알만 한 믿음이 있었더라면[현재형입니다] 이 뽕나무더러 뿌리가 뽑혀 바다에 심기어라 하였을 것이요 그것이 너희에게 순종하였으리라"(눅 17:6)라고 말씀하셨습니다. 겨자씨만 한 믿음만 있어도 나무를 뽑을 수 있다는 것입니다. 결과적으로 나무를 옮길 수 없다면 겨자씨만 한 믿음도 없다는 말이지요. 문맥상 이 말은 그만큼 믿음이 작다는 의미보다는 '믿음이 아주 없다'는 의미로 보는 것이 더 적절한 듯합니다.

다시 말하면, 누가복음의 본문에서는 어떤 믿음이 겨자씨만 한 믿음인가를 규정하려고 하기보다는 믿음이 없는 상태에 대한 표현으로 봐야 한다는 것입니다.

이 말씀을 하신 후에 주님은 '무익한 종의 비유'를 말씀하셨습니다(이것도 마태복음과는 다릅니다). 종은 주인이 시키는 대로 할 뿐이고, 자기가 한 일로 생색을 내거나 "할 수 없습니다"라고 말할 수 없다는 내용입니다. 그러니까 이 비유의 핵심은 종은 주인의 횡포도 눈감아 주어야 한다거나, 시키는 대로만 하면 된다는 것이 아닙니다. 오히려 믿음의 정당한 반응을 보이라는 뜻입니다.

주님이 용서하라고 하셨을 때 제자들은 믿음을 더해 주시면 용서하겠다고 말했습니다. 그러자 주님이 용서는 믿음이 더해져야 행하는 것이 아니라 믿음이 있으면 행하는 것이라고 말씀하신 것입니다. 제자들에게 겨자씨만 한 믿음도 없다고 지적하신 것이 아니라 "이 일은 믿음의 크고 작음에 관한 문제라며 핑계할 것이 아니라 믿음이 있다면 해야 하는 것이다"라고 말씀하신 것이지요. 주님이 겨자씨만 한 믿음이라고 말씀하신 의도는 무엇을 더한다고 할 수 있는 문제가 아니라는 것입니다. 무엇을 더해도 절대로 할 수 없습니다. 오직 믿음으로만 가능합니다. 즉 오직 그리스도를 신뢰함으로만 가능합니다. 우리의 구원이 오직 믿음으로만 가능하듯이 말입니다.

마태복음에서는 용서에 관한 말씀 이후에 '용서할 줄 모르는 종의 비유'가 나옵니다. 임금에게 1만 달란트를 탕감받은 사람이 100데나리온을 빚진 사람을 용서하지 못하는 것의 부당성에 관한 비유입니다. 이 비유에서도 용서의 전제는 용서받음임을 강조합니다. '예수 그리스도가 십자가에서 죽으심으로 우리의 죄를 사하셨다는 믿음이 있다면 그리해야 한다'는 말씀이라서 누가복음의 결론과 동일합니다.

● 겨자씨만 한 믿음

저는 여기서 다시 한 번 믿음의 본질을 생각해 보고 싶습니다. 믿음이란 단순한 지적인 동의로 천국에 들어가는 입장권을 받아 내는 수단이 아닙니다. 믿음은 우리로 하여금 의롭다 하심을 받고 하나님의 자녀가 되어 "그런즉 이제는 내가 사는 것이 아니요 오직 내 안에 그리스도께서 사시는 것이라"(갈 2:20)라는 고백을 가능하게 만드는, 즉 오직 그리스도 안에서만 참된 자유와 행복을 얻을 수 있다고 믿고 그분을 신뢰함으로 우리의 주권을 그리스도께 이양하는 수단입니다.

그러니까 믿음은 우리가 용서받은 것처럼(마태복음 18장의 비유가 강조하듯) 우리로 하여금 용서하도록 만들어 줄 수 있습니다. 주님이 우리의 주인이 되신다면 하루에 일곱 번씩 용서하는 거친 삶의 과정을 시작할 수 있고 끝까지 갈 수 있는 것입니다. 그러니까 '겨자씨만 한 믿음만 있어도 나무를 옮길 수 있다'는 말은 마태복음의 문맥과 마찬가지로 우리의 힘으로는 절대로 안 되지만 오직 그리스도를 신뢰하는 믿음으로 된다는 뜻입니다(물론 그 말이 '예수 그리스도를 믿기만 하면 원하는 것은 무엇이든지 할 수 있다'는 의미가 아님은 이미 잘 아실 것입니다). 주님은 우리의 믿음을 더해야 할 것을 요구하신 것이 아니라 그리스도를 온전히 신뢰하라고 요구하신 것입니다.

"믿음이 강해지면 하겠습니다"라는 말은 사실은 핑계입니다. 우리 마음의 상태는 겨자씨만 한 믿음도 없다는 말에 고개를 숙이게 될 만큼 흔들림의 연속이고 자신이 없습니다. 하지만 우리가 믿는 대상은 우리 마음의 상태가 아니라 흔들림 없고 변함없으신 하나님의 아들, 주 예수 그리스도이심을 잊지 말아야 합니다. 그러니까 할 수 없다 싶으면 주님을 봐야지, 자신을 보면 안 됩니다.

"내가 아닙니다. 그리스도이십니다. 내가 나 된 것은 오직 하나님의 은혜입니다"라는 고백이 바로 겨자씨만 한 믿음입니다. 이 고백조차 은혜이기에 우리에게는 아무 내세울 것도, 자랑할 것도 없으며, 또한 핑계 댈 것도 없습니다. 우리는 "할 수 없으니 우리에게 믿음을 더하소서"라고 말하지 않고, "은혜로 주신 믿음이니 우리 안에는 그 능력이 없지만 해 보겠습니다"라고 예수 그리스도의 은혜에 반응해야 하는 것입니다.

사람을 용서하며 사는 일이 참 안 됩니다. 긍휼히 여기는 마음보다는 괘씸한 마음이 들지요. 하지만 그리스도인인 우리는 상대방에게서나 우리에게서 용서해야 할 이유를 찾지 않고 예수 그리스도 안에서 그 이유를 찾습니다. 그것이 참된 믿음으로서 겨자씨만 한 믿음입니다. 그때 나무가 바다에 빠지는 일도 보게 될 것입니다.

겨자씨만 한 믿음	문학적 기법	예수님을 신뢰하지 않고는 아무것도 할 수 없다. 다른 방법은 없다.	자기 힘으로는 아무도 할 수 없다.

나눔을 위한 질문

- 겨자씨만 한 믿음은 무엇을 의미합니까?
- 겨자씨만 한 믿음이 있어 믿음의 정당한 반응을 보인 적이 있습니까? 그리스도의 은혜에 반응을 보인 적이 있습니까?
- 겨자씨만 한 믿음은 그리스도를 온전히 신뢰할 것을 요구합니다. 이와 관련한 기도제목이 있다면 나눠 봅시다.

09

의심하는 사람은
믿음이
작은 것인가요?

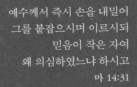

예수께서 즉시 손을 내밀어
그를 붙잡으시며 이르시되
믿음이 작은 자여
왜 의심하였느냐 하시고
마 14:31

대체로 그리스도인들은 '독선자'라는 말보다 '위선자'라는 말에 더 상처를 받습니다. 사실은 독선자가 더 위험할 듯한데도 말입니다. 독선자와 위선자의 차이를 굳이 구분하자면 이렇습니다. 독선자는 거짓말을 하면서 자기가 거짓말을 하고 있는지 모르는 사람이고, 위선자는 거짓말을 하는 줄 알면서 거짓말을 하는 사람입니다. 그러니까 독선자는 악을 행하면서도 양심의 가책을 느끼지 못하는 사람이고, 위선자는 양심의 가책을 느끼면서도 악을 행하는 사람입니다.

주님은 바리새인들에게 위선자라며 많이 책망하셨는데, 어쩌면 그들 중에 악을 행하면서도 자신은 죄가 없다고 생각한 독선자들은 주님의 책망에 크게 상처받지 않았을지도 모르겠습니다. 그들은 자기들이 위선자라고 느끼지 않을 만큼 자신의 입장에 확신이 있었기 때문입니다. 다만 기득권에 대한 도전에 위기의식은 느꼈겠지만 말입니다. 그런 그들을 향해 성경은 '양심이 화인을 맞은 자들'이라고 경고하기도 했습니다.

그리스도인들이 위선자라는 말에 더 상처받는 이유는 자신이 믿음의 고백대로 살지 못하고 있음을 알기 때문일 겁니다. 나름대로 확신이 있어서 믿지 않는다고 말했다면 괜찮은데, 믿는다고 말해 놓고는 그 믿음에 합당하게 살지 못하기 때문이지요. 그래서 '과연 내 고백이 진실일까? 내가 정말로 믿고 있는 게 맞는가?'라는 질문이 마음속에 있습니다.

그런데 가까운 사람이 "당신은 위선자야"라고 말하면 마치 속마음을 들킨 것 같습니다. 그 순간, 정말 약함에도 불구하고 힘들게 매달려 믿음을 지키려는 자신의 마음을 몰라주는 것 같아서 너무 섭섭하고 야속합니다.

저도 목회하면서 위선자라는 말이 제일 두려웠습니다. 특히 대중 앞에 서서 설교를 해야 하는 저로서는 나름대로 진실하게 살려고 했지만 설교한 대로 살지 못하는 저 자신을 알기에 두려웠습니다. 제게 최고 두려운 대상은 아내였습니다. 그래서 토요일이면 아내의 심기를 불편하게 하는 언행을 특별히 자제했습니다. 주일 설교 중에 저를 바라볼 아내가 두려웠기 때문입니다. 하지만 감사하게도, 아내는 제가 약하기는 하지만 위선자는 아니라고 생각해 준 것 같습니다.

'믿음이 작은 자여 왜 의심하였느냐'라는 말이 남의 말 같지 않은 까닭은 이 말이 위선자라는 말처럼 느껴지기 때문입니다.

● 의심의 정체

사람마다 다르기에 한마디로 규정하기는 어렵겠지만, 제가 알고 있는 진실한 그리스도인들의 삶에 존재하는 의심의 정체는 하나님에 대한 것이라기보다는 자기 자신에 관한 것이었습니다. 그러니까 하나님을 못 믿는 것이 아니라 "하나님을 믿는다"라는 자기 고백의 진실성을 못 믿는 것입니다. 자꾸 흔들리니까요.

예수님은 십자가에 못 박히시기 전날 밤 제자들과 함

께 마지막 식사를 하시면서 "너희 중의 한 사람이 나를 팔리라"라고 말씀하셨습니다. 이때 제자들은 몹시 걱정되어 한 명씩 주님께 여쭈었습니다. "주님, 나는 아니지요?" 불안하고 두려웠던 것입니다. 불안과 두려움 때문에 자신이 무슨 짓을 할지 몰라 자신없었다는 의미이지요.

재미있게도 가룟인 유다도 예수님께 여쭈었습니다. 주님께 같은 질문을 하고 있는 유다와 나머지 열한 제자들의 심정은 완전히 달랐습니다. 유다는 자기 음모가 발각되었는가가 걱정이 되었고, 열한 제자들은 자기의 흔들리는 마음이 발각되었는가가 염려되었습니다.

교회 공동체 안에는 가룟 유다와 같은 사람도 있을 테지만, 대체로는 열한 제자들 같을 겁니다. 예수님은 분명히 믿는데 세상이 이해되지 않고, 그 세상을 살아 내기에 자신의 믿음이 너무 부족하게 느껴집니다. 그래서 흔들리지 않고 믿음의 고백대로 살아 낼 자신이 없습니다. 그러면서도 믿는다고 고백하고 태연하게 교회생활을 하고 있는 자신이 위선자처럼 느껴지는 것은 당연합니다.

이렇게 흔들리는 마음을 '의심'이라고 부른다면, "믿음이 작은 자여 왜 의심하였느냐"라는 주님의 말씀 앞에 대부분의 사람들은 찔릴 수밖에 없을 겁니다.

● "믿음이 작은 자여 왜 의심하였느냐"

그런데 제게는 주님의 이 말씀이 책망이 아니라 위로로
들립니다. 마치 염려할 수밖에 없는 상황에서 "무엇을 먹
을까, 무엇을 입을까 염려하지 말라"라는 주님의 말씀이
위로와 권면인 것처럼, "의심하지 말라"라는 말씀의 의미
도 책망이나 정죄가 아닌 위로인 것입니다. 성경은 글이
기에 확인이 안 되지만 만약 예수님의 음성을 들었다면
그 억양도 위로로 느껴졌을 겁니다.

주님은 5천 명을 먹이는 기적을 행하신 후에 제자들에
게 먼저 배를 타고 떠나라고 하셨습니다. 그런데 제자들
은 바다에서 풍랑을 만났습니다. 어부 출신인 제자들도
있었는데 그들조차 힘들어했다면 제법 물결이 거셌나 봅
니다. 그 바다 위로 주님이 걸어오셨습니다. 열두 제자들
은 처음에는 유령인가 해서 두려웠습니다. 주님이 정체
를 밝히시고 두려워하지 말라고 하셨지만 주님이 배 안

으로 들어오시고 그 몸을 만져 보기 전까지 제자들은 안심할 수 없었을 겁니다.

그때 베드로가 뜻밖의 제안을 했습니다. "주여 만일 주님이시거든 나를 명하사 물 위로 오라 하소서"(마 14:28). 그리고 그는 정말 배 밖으로 나갔습니다. 무슨 마음이었을까요? 정말 주님이신지 확인하고 싶었을까요? 너무 무섭고 불안해서 잠시라도 가만히 있을 수 없었을까요?

저는 열한 제자들은 그분이 주님이심을 믿었는데 베드로만 믿을 수 없어서 확인하기 원했던 것은 아니라고 생각합니다. 베드로가 그렇게 말한 것은 믿음의 문제가 아니라 기질의 문제인 것 같습니다. 다시 말하면, 이 엄청난 광경을 목도하고 있던 열한 제자들은 주님이심을 분명히 믿으면서 베드로의 의심과 그 의심으로 인한 무모함을 한심스러워했고, 베드로는 의심을 해결하기 위해서 물로 뛰어든 것이 아니라는 것이지요. 제자들은 모두 경이로움과 두려움으로, 의심과 불안으로 그 광경을 지켜보고 있었을 겁니다.

마침내 베드로가 배에서 나왔습니다. 몇 걸음을 떼었는지는 모르지만 정말 물 위를 걸었습니다. 저는 얼음 위를 걸어도 발이 떨어지지를 않습니다. 앞에서 오라고 손 짓하는 사람을 못 믿어서가 아니라 제가 서 있는 바닥이 안전하지 않기 때문에, 그리고 넘어지지 않고 걸을 수 없는 제 능력의 한계를 알기 때문에 두렵습니다. 혹 용기를 내어 몇 걸음 뗄 수는 있을지 몰라도 주님처럼 활보할 수는 없습니다.

베드로가 무슨 생각에서 물 위를 걷게 해 달라고 했는지, 무슨 생각으로 배 밖으로 나왔는지 모르겠습니다. 그런데 정신을 차리고 나니 넘실거리는 파도가 보였습니다. 그리고 순식간에 베드로는 물속에 빠지고 말았습니다. 주님은 그를 건지며 말씀하셨습니다. "믿음이 작은 자여 왜 의심하였느냐."

설마 주님이 베드로가 씩씩하게 물 위를 걸으면서 주님의 손을 잡고 배로 돌아오기를 기대하신 것은 아니겠지요? 이 사건을 계기로 다음부터는 배를 타지 않고 물 위를 걸어서 다닐 수 있게 되기를 기대하신 것은 더더욱 아니겠지요? 다른 제자들처럼 겸손하지 않고 과격하고 무모한 베드로에게 본때를 보여 주려고 하신 것은 아니겠지요? 베드로를 책망하심으로 다른 제자들을 칭찬하신 것, 즉 '가만있으면 중간이라도 간다'는 진리를 가르쳐 주려고 하신 것은 아니겠지요? 베드로가 물 위를 걷겠다고 했을 때 주님이 "까불지 말고 가만히 있어라"라고 말씀해 주셨더라면 좋았을 것 같지 않습니까?

아무튼 베드로는 실패와 망신을 통해 예수님의 주 되심을 별나게 경험했습니다. 그러나 이후로 제자들 중에 어느 누구도 베드로에게 "믿음이 없는 자, 의심하는 자"라고 놀리거나 그를 가볍게 여기지 않았을 것입니다. 베드로와 함께 제자들 모두는 주님이 어떤 분이신가를 경험했고, 그 경험은 그들의 현재 상태를 뛰어넘는 엄청난 것이었기 때문입니다.

저는 이 사건이 우리의 믿음을 촉구하는 사건이 아니라고 생각합니다. 이 사건은 오히려 주님의 위대하심을 보여 주는 사건입니다. 이 사건은 어떤 시련이 와도 절대로 흔들리지 않는 통일된 마음의 상태를 요구하는 사건이 아니라 넘어질 수밖에 없는 힘든 삶의 여정에서 예수님만이 구원자이시며 생명이심을 보여 주는 사건입니다.

따라서 이 사건은 "이런 믿음을 가져라"라고 말하는 사건이 아니라 "그분이 주님이시다"라고 말하는 사건입니다. 주님은 물 위를 걸을 수 있는 믿음을 요구하시지도 않았고, 물 위를 걸을 수 있는 방법을 말씀하신 것도 아니니까요.

● 믿음이 작은 자

본유적으로 작은 믿음과 큰 믿음은 없습니다. 예수님이 믿음과 의심을 함께 말씀하셨기 때문에 의심하지 않는 상태가 큰 믿음이라고 말할 수 없습니다. 더욱이 의심하지 않는 것이 '나는 물 위를 걸을 수 있다', '나는 물속에 빠지지 않을 것이다'라는 자기 마음의 상태에 대한 것이라면, 이 믿음은 일종의 정신 통일이거나 자기 욕망의 합리화일 수 있습니다.

'믿음이 작은 자'라는 말은 당시 상황에서 파도를 보고 흔들리는 자라는 의미입니다. '의심하였느냐'라는 말은 책망이 아니라 당시 마음의 상태를 묘사한 것입니다. 그러니까 베드로는 원래 다른 제자들보다 믿음이 작은 자라는 말이 아니라 그 상황에서 흔들렸다는 뜻입니다.

우리는 환난 앞에 서면 하루에도 수십 번씩 흔들립니다. 환난에 담대한 사람이라 할지라도 유혹 앞에 서면 마음을 추스르지 못하고 흔들리기도 합니다. 그 흔들리는 순간이 믿음이 작은 상태입니다. 그러니까 믿음이 작은 사람이 따로 있는 것이 아니라 누구나 믿음이 작은 상태를 경험하는 겁니다.

저는 지팡이를 짚고 걷지만 평소에는 잘 걷습니다. 바닥이 안전하다는 믿음 때문입니다. 그러다 물이 고인 곳을 걷거나 미끄러운 지대를 지나면 경직이 되고 발걸음을 떼는 것이 두렵습니다. 지팡이 끝이 고무로 되어 있어서 물에 유독 잘 미끄러지기 때문입니다. 물 앞에서 망설이는 모습이 믿음이 작은 상태라고 한다면, 저는 그 모습이 불가항력적인 실존의 모습이라고 하겠습니다. 제 다리가 낫지 않는 한 어쩔 수 없습니다. 미끄러지지 않을 것이라는 제 능력을 의심하지 않을 수 없고, 절대로 넘어지지 않으리라 확신할 수 없습니다.

미끄러운 곳일수록 넘어질 확률은 훨씬 더 높습니다. 정말 가고 싶지 않은데 가야 한다면 정말 조심스럽게 걷습니다. 갈 수 있다는 믿음이 있기 때문이고, 가야 할 이유가 있기 때문입니다. 넘어지지 않을 것이라는 믿음은 작지만, 그래도 갈 수 있다는 믿음과 가야 할 이유는 있습니다. 너무 미끄러워서 갈 수 없으면(물이 얼었거나 눈이 와서 길이 미끄러운 경우) 저는 누군가에게 붙잡아 달라고 도움을 청합니다. 걸을 수 있다는 믿음이 없기 때문입니다. 저는 제 손을 잡아 준 사람을 믿고 얼어붙은 길을 걸어갑니다. 여전히 조심스러움과 그 사람이 붙잡아 줄 것이라는 확신으로 말입니다.

● 이 불안의 상태가
　　불가항력적인 실존의 상태입니다

우리는 우리 주님을 붙들려고 몸부림칩니다. 정말 믿음이 있으면 좋겠는데 자꾸 흔들립니다. 넘어집니다. 믿는다는 고백은 다 위선 같습니다. 아니, 흔들릴 때마다 그런 상황에 우리를 방치하신 하나님마저 의심되기 시작합니다. 아닌 줄 알면서도 어깃장을 놓고 싶고 일부러 비뚤게 가서라도 하나님의 관심을 끌고 싶어집니다. 그래도 스스로 알고 있습니다. 사실은 하나님을 의심하는 것도 아니고, 하나님의 사랑에 대한 절대적 필요를 의심하는 것도 아닙니다. 두렵고 힘든 것이지요.

왜 이렇게 힘들지요? 아직 세상에 있어서 그렇습니다. 우리가 아직은 연약한 몸을 입고 있기 때문입니다. 파도가 넘실거리는 물 위에 서 있어서 그렇습니다. 그런 우리에게 주님은 말씀하십니다. "믿음이 작은 자여 왜 의심하였느냐." 제게는 이 말씀이 "내가 있으니 괜찮다"는 주님의 음성으로 들립니다. 요구가 아닌 위로로 들린다는 뜻입니다.

우리의 마음 깊은 곳에는 "주여, 나는 아니지요?"라는 질문이 항상 웅크리고 있습니다. 하지만, 우리는 파도 너머 주님을 보려고, 물에 빠질 때 주님의 손을 잡으려고 "주여! 나를 구원하소서" 소리를 지릅니다. 비록 흔들리는 물 위에서 몸을 주체하기 힘들고, 작은 파도에도 몇 번씩 다잡았던 마음이 무너져 내리는 것 같지만 "주님만이 나의 도움이시며 나의 구원이시라"라는 고백만은 변함없고 흔들림이 없습니다. 아니, 그 고백만은 절대로 놓치지 않고 싶습니다.

Check Point

"믿음이 작은 자여 왜 의심하였느냐" 는 말씀의 의미	1. 이 의심의 정체는 '하나님'이 아니라 "하나님을 믿는다"라는 자기 고백의 진실성을 못 믿는 것으로서, 흔들리는 마음이다.
	2. "이런 믿음을 가져라"가 아니다.
	3. 꾸짖음이 아니라 위로의 말씀이다.
	4. "예수님이 주님이시다"라는 고백이다.
	5. 작은 믿음과 큰 믿음은 없다.
	6. 믿음이 작은 자 = 환난 앞에서 흔들리는 자 (믿음이 작은 상태 = 환난 앞에서 흔들리는 순간, 즉 불가항력적인 실존의 상태)

나눔을 위한 질문

• 불가항력적인 실존의 상태에서 의심하는 당신에게 "왜 의심하였느냐"고 위로하시는 주님을 만난 적이 있습니까?

• 그때 다가오신 주님께 당신의 믿음을 어떻게 고백했는지 나눠 봅시다.

10

믿음의 반대는
의심인가요?

오직 믿음으로 구하고
조금도 의심하지 말라
의심하는 자는 마치 바람에 밀려
요동하는 바다 물결 같으니
약 1:6

국어사전을 보면, 뜻이 같은데 음이 다른 단어도 있고(이음동의어), 음은 하나인데 여러 개의 의미를 가진 단어(동음이의어)도 있습니다. 예를 들어, 사전에서 '구원'이라는 단어를 찾으면 "어려움이나 위험에 빠진 사람이나 단체 등을 구해 줌", "기독교에서 인간을 죄악과 죽음에서 구하는 일", "사람이 죽은 뒤에 그 혼이 가서 산다고 하는 세상", "아득하고 멀고 오래됨" 등의 정의가 나옵니다. 이 중에 어떤 것이 정답인가를 묻는 것은 우문일 것이고, 그 정확한 의미는 문맥에서 결정되어야 합니다.

믿음이라는 단어도 일반적으로는 다양한 의미로 사용됩니다. 따라서 믿음을 정의하면서 "지적인 동의", "마음의 상태", "신뢰" 중에 어떤 것이 맞는가를 묻는 것은 합당하지 않고, 문맥 안에서 믿음이라는 단어가 무엇을 의미하는가를 물어야 합니다. 다양한 의미를 가진 단어를 한 가지 의미로만 이해하거나 해석하는 일은 위험하니까요.

그런데 특히 기독교적 배경에서는 믿음이라고 할 때 한 가지 의미만 강요되는 듯해서 대화가 불편해지는 경험을 하게 되곤 합니다. 가령 유학을 가기로 한 사람이 자신이 없어서 흔들리는 모습을 보면서 "왜 이렇게 믿음이 없어요?"라고 말할 때입니다. 그 상황에서 믿음이라는 말을 사용한 것이 잘못은 아닙니다. 하지만 여기서 믿음이란 '마음의 상태'를 의미할 뿐이라서 신앙적 신뢰와는 아무런 상관이 없다고 볼 수 있습니다. 그러니까 믿음이 없다는 말은 어떤 일에 확신이 없다는 의미일 뿐이지요. 그런데 그리스도인들은 '믿음이 없다'는 말만 들어도 불필요한 죄책감을 느끼곤 합니다.

또한 성경의 기록 중에 지적으로 동의하기가 어려운 부분이 있거나 목사의 설교 중에 동의하기 힘든 내용이 있어서 망설일 때도 '믿음이 없다'는 말을 사용합니다. 예를 들어, 주님이 "무엇을 먹을까 염려하지 말라"고 하신 말씀에 대해 생각해 봅시다. 먹을 것을 염려하지 않는 것이 태만한 삶의 모습인 것 같아서 선뜻 동의가 되지 않아 주님이 그 말씀을 하신 의도가 무엇인가를 알고 싶어 한다면 믿음이 없다고 할 것입니다. 또한 지금 직장이 없어 너무 힘든데, 아무것도 염려하지 말아야 하고 염려는 하나님을 신뢰하지 않는 죄라는 목사의 설교에 동의가 되지 않는다고 말하면 믿음이 없다고 할 것입니다.

이 경우도 '믿음이 없다'는 말은 하나님을 신뢰하는 것과는 사실 크게 상관이 없습니다. 하나님을 신뢰하지 않는 것이 아니라 하나님의 말씀에 대한 한 가지 해석과 적용에 동의하지 않는 것뿐이니까요.

● 의심과 믿음

믿음이 어떤 일에 대한 마음의 확신을 의미한다고 정의한다면 믿음의 반대말은 '의심'이라고 볼 수 있습니다. 의심(확실히 알 수 없어서 믿지 못함)이라는 단어가 워낙에 부정적인 뉘앙스를 가지고 있기 때문에 무조건 나쁜 것이라고 생각하지만, 맹목이 최고의 가치가 아니라면 의심은 건전한 생각의 활동일 수 있습니다.

신혼 초에 아내가 살림을 맡아서 한 적이 있습니다. 당시에는 가난한 전도사로서 경제적으로 여유가 없었기 때문에 아내가 가계부를 적었습니다. 그런데 계산이 안 맞는 때가 종종 있었습니다. 저는 숫자에 밝고(그래서 수학을 전공한 것은 아니지만) 아내는 숫자에 어두웠기 때문에 계산이 맞지 않을 때는 제가 확인해 주었습니다. 그런데 그때 제가 "돈이 비는데? 숫자가 맞지 않는데?"라고 하면 아내는 상당히 불쾌해하면서 "지금 나 의심하는 거야?"라고 했습니다. 그러면 저는 "의심하는 게 아니고…"라고 대답했지요.

사실은 의심한 겁니다. 그런데 제가 의심한 내용은 아내가 돈을 꿍쳐 두었거나 남편 몰래 딴 주머니를 찼다는 것이 아니라 아내의 수학 능력 혹은 기억력이었습니다. 수학 능력과 기억력은 의심받는 것이 마땅하지 않나요? 언제든 실수할 수 있으니까요. 아내는 자기를 의심한 일이 기분 나쁘다며 가계부를 저에게 넘겨주었습니다. 그때의 그 의심으로 지금까지 30년 동안 집안 살림을 제가 하고 있습니다. 저로서는 너무 억울한 일이 아닐 수 없습니다.

진실성이 의심을 받는 것은 불쾌하지만 기억력과 수학 능력은 언제나 의심의 대상이 되어야 합니다. 마찬가지로 사람의 판단 능력이나 분별력도 의심의 대상이어야 합니다. 따라서 어떤 일에 대한 개인적 마음의 확신은 사실은 거의 모든 경우에 의심의 대상이 되어야 합니다. 목사의 성경 해석 능력도 의심의 대상이 되어야 하고(다른 사람이 의심하지 않는다 할지라도 적어도 자기 자신에게라도) 전달 능력도 의심의 대상이 되어야 합니다.

저는 설교 원고를 준비하고 난 후에 몇 번을 다시 읽습니다. 문법적이든 내용상의 오류이든 혹시라도 실수가 있을까 싶어서입니다. 원고를 읽을 때마다 매번 고쳐야 할 부분이 나옵니다. 뿐만 아니라 예배당에 들어가기 전에 원고를 챙겼는지 확인했는데도 예배당에 앉으면 항상 성경책 갈피를 살펴서 원고가 있는가를 또 확인합니다. 제 기억력을 의심하기 때문입니다. 아니, 어쩌면 의심해야 실수하지 않는다는 강박 때문인지도 모릅니다.

의심은 필요합니다. 의심은 인간의 한계에 대한 인정이기도 하고 실수하지 않겠다는 신중함의 표현이기도 하니까요. 사고활동을 해야 하는 인간에게 의심하지 못하게 하는 것은 역사적으로는 기득권에 침해를 받지 않으려는 독재적인 횡포였습니다. 힘 있는 자는 실수를 하지 않는다는, 힘 있는 자의 실수는 실수로 인정하지 말아야 한다는 암묵적인 선언과 다름이 없었습니다.

● "오직 믿음으로 구하고 조금도 의심하지 말라"

성경에서는 여러 곳에서 믿음과 의심이 같이 사용되었습니다. 따라서 그 경우에 믿음의 반대말은 '의심'입니다. 야고보서 1장에서도 의심이 믿음의 반대말로 사용되었습니다.

이미 언급한 대로, 의심의 반대말로서의 믿음은 어떤 사실이나 사람에 대해서 확실히 알 수 없는 마음 상태에 대한 반대 의미일 것 같습니다. 따라서 이때 믿음은 '마음의 확신'을 가리킨다고 이해하기 쉽습니다.

특히 야고보서 1장 6절이 기도와 관련되었다면, 믿음으로 구할 때 의심하지 않는 것은 하나님이 구한 것을 반드시 주실 것이라는 마음의 확신을 의미하는 것 같습니다. 즉 "무엇이든지 구할 때 의심하지 말라. 하나님이 반드시 주실 것이고 반드시 될 것이라고 믿으면 된다. 하지만 의심하면 두 마음을 품어 정함이 없는 사람이니 무엇이든지 주께 얻기를 생각하지 말라", 이렇게 이해하기 쉬운 구절입니다.

하지만 이는 문맥상 문제가 있습니다. 야고보는 이미 앞선 5절에서 무엇을 구할지를 말했기 때문입니다. "너희 중에 누구든지 지혜가 부족하거든 모든 사람에게 후히 주시고 꾸짖지 아니하시는 하나님께 구하라 그리하면 주시리라"(약 1:5). 고난 중에 있는 사람들이 왜 고난을 당하는지, 고난 중에 어떻게 해야 하는지 몰라 힘들어서 흔들릴 때 하나님께 지혜를 구하라는 말입니다. 그런데 지혜를 구할 때 믿음으로 구하고 의심하지 말라고 했습니다.

따라서 '의심하지 말라'는 말은 우리가 원하는 것을 반드시 얻을 수 있을 것이라는 통일된 마음의 상태, 즉 정신 통일을 의미하지 않습니다. 야고보서 1장 후반부를 보면, '하나님의 선하심을 의심하지 말라'라는 의미로 보는 것이 제일 무난합니다.

물론 하나님의 선하심은 야고보서 1장 13절과 17절 말씀에 따르면 하나님의 동행하심이라고 보아도 무난하고, 하나님의 공평하심이라고 생각해도 좋습니다.

"사람이 시험을 받을 때에 내가 하나님께 시험을 받는다 하지 말지니 하나님은 악에게 시험을 받지도 아니하시고 친히 아무도 시험하지 아니하시느니라"(약 1:13). 여기서 '시험'이라는 단어는 KJV 성경에서 '유혹'으로 번역되었습니다. 하지만 헬라 단어는 '시험'과 '유혹'을 호환해서 사용한 듯하고, '시험을 받을 때'라고 번역한 경우에도 '악한 의도', 즉 '넘어뜨리려는 의도'라는 의미가 함축되어 있습니다.

또한 야고보서 1장 17절에 따르면 하나님은 "변함도 없으시고 회전하는 그림자도 없으"셔서 온갖 좋은 은사와 온전한 선물을 주시는 분입니다. 중요한 것은 여기서 믿음은 반드시 된다는 마음의 상태가 아니라 하나님에 대한 전적인 신뢰를 가리킨다는 것입니다.

사실 우리는 고난의 원인에도 확신을 가질 수 없고, 고난의 혜택도 확신할 수 없습니다. 고난 중에 무조건 '나중에는 잘될 것'이라는 확신을 가질 수도 없습니다. 우리는 고난의 원인조차 규명할 수 없습니다. 기도해서 지혜를 얻으면 고난의 원인을 규명할 수 있게 되는 것도 아닙니다.

사실 고난의 원인을 규명하는 일이 때로는 유익할 수도 있지만 절대적으로 필요한 일은 아닙니다. 고난 중에 우리가 확인하고 싶은 것은 하나님의 동행입니다. 하나님은 그 원인과 결과를 알고 계시다는 사실에 대한 확인, 다시 말하면 하나님의 임재에 대한 확인입니다. 고난 중에 욥이 그토록 고대했던 것도 자신이 고난당하는 이유를 아는 것이 아니라 하나님의 선하신 임재와 동행이었습니다. 고난을 당하면 마치 하나님께 버림받은 것 같은 느낌이 드는 것이 당연하니까요. 그래서 기도합니다.

야고보서는 그렇게 기도할 때 믿음으로 기도해야 한다고 가르칩니다. 이 믿음이란 역시 이미 언급한 대로, 하나님의 선하심에 대한 신뢰입니다. 키를 넘는 파도 앞에서, 비록 하나님이 보이지 않지만 그 너머에 계시고 파도를 주관하시는 분이 하나님이시라는 확신과 오직 그 하나님만 신뢰한다는 진실한 믿음의 고백인 것입니다.

우리는 하나님의 지혜를 믿는 것이지, 우리의 지혜를

믿는 것이 아닙니다. 우리가 구하는 것은 당장의 필요이지만 그것이 우리의 최선이라는 보장도 없습니다. 그래서 우리는 우리가 구하는 것에 대한 믿음도 없습니다. 하나님이 좋은 것을 주시리라는 믿음이 있기에 원하는 것을 구할 뿐입니다. 따라서 믿음은 우리가 구하는 것은 반드시 이루어진다는 마음의 상태를 가리킬 수 없고, 하나님이 반드시 주실 것이라는 지적인 동의를 의미하지 않습니다.

🌑 흔들리지 않는 믿음

캘리포니아에는 종종 사막의 강풍이 불어올 때가 있습니다. 바람이 얼마나 강한지 집 안에 있으면 집이 날아갈 것만 같습니다. 특히 제가 살던 집은 썬 루프 비슷하게 하늘을 볼 수 있는 구멍이 천장에 있었는데, 아크릴로 구멍을 막아 놓았습니다. 그런데 접착 불량이었는지 건들거렸습니다. 바람이 불면 그 소리가 얼마나 요란한지 마치 부서질 것 같았고, 그 소리 때문에 집이 더 날아갈 것만 같았습니다. 정말 시끄러웠고, 때로는 무서웠습니다.

그런데 바람보다 더 대단한 것은 저의 믿음과 게으름이었습니다. 그 요란한 소리가 어디에서 나는지 알고 있었던 저는 집이 날아가지는 않을 것이라는 믿음으로, 차라리 그 소음을 견디지 사다리를 타고 올라가 고치고 싶지는 않다는 게으름으로 8년을 버텼습니다. 그러다 마침내 이사하기 직전에 아크릴이 박살이 나서 고칠 수밖에 없었지만 말이지요.

바람이 아무리 세게 불어도 집이 날아가지는 않습니다. 하지만 헐거워지거나 떨어진 부품이 있으면 바람이 불 때마다 집이 날아갈 것 같은 두려움을 증가시킵니다.

대체로 하나님을 향한 사람들의 믿음은 흔들리지 않습니다(의심하면 더 흔날지 모른다는 공포 때문에 흔들리지 않는 척하는 경우도 가능할지 모르겠지만). "정말 하나님이 계신가요?"라고 묻는 경우도 하나님의 존재나 예수 그리스도의 주 되심에 대한 의심은 아닙니다. 하나님은 전적으로 신뢰할 만한 분이시라는 믿음은 분명한데, 자신의 믿음에는 자신이 없습니다. 내가 넘어질 것 같아서 두렵고, 내가 일어서지 못할 것 같아서 두렵고, 나 때문에 이런 일들이 발생한 것 같아서 두렵고, 그래서 마침내 하나님이 떠나신 것 같아서 두렵습니다. 바람이 너무 강해 집이 날아갈 것이라는 두려움보다는 천장의 아크릴이 깨질지 모른다는 두려움이 집이 날아갈 것 같은 두려움을 조성합니다.

흔들리지 않는 믿음을 말할 때 사람들은 '흔들리시지 않는 하나님'보다는 '흔들리지 않는 나'에게 주목합니다. 그래서 믿음의 대상을 주목하기보다는 자기 마음의 상태를 주목합니다. 우리의 몸부림은 단순히 마음의 평정을 유지하려는 것이 아니라 흔들리시지 않는 하나님을 붙잡으려는 것입니다.

그런데 아십니까? 붙잡아도 흔들립니다. 붙잡아도 두렵고 떨립니다. 그러나 붙잡고 흔들리는 것과 붙잡지 못하고 표류하는 것은 하늘과 땅의 차이입니다. '믿고 조금도 의심하지 말라'라는 말은 마음의 평정을 찾으라는 뜻이 아니라 고난 중에 선하신 하나님을 놓치지 말라는 의미입니다. 고난 중에 조금도 의심하지 않는 상태는 별반 느낌이 없는 평안한(혹은 무덤덤한) 상태를 가리키는 것이 아니라 선하신 하나님을 꼭 붙들고 있는 상태입니다.

"오직 믿음으로 구하고 조금도 의심하지 말라"라는 말

씀도 구한 것은 반드시 된다고 믿으라는 의미가 아니라 하나님의 선하심을 믿는 일에 조금도 흔들리지 말고 모든 형편과 사정을 하나님께 아뢰라는 뜻입니다.

Check Point

믿음의 반대말 ⇨ 의심(정신통일이라는 뜻이 아니다)

의심하지 말라 ⇨ 하나님의 선하심을 의심하지 말라는 뜻

오직 믿음으로 구하고 조금도 의심하지 말라 ⇨ 하나님의 선하심을 믿는 일에 조금도 흔들리지 말고 모든 형편과 사정을 하나님께 아뢰라는 의미

나눔을 위한 질문

• "믿음으로 구하고 조금도 의심하지 말라"라는 말씀은 무엇을 의심하지 말라는 것입니까?
• 당신의 믿음은 불확실하지만 하나님의 선하심을 믿어 불확실함에서 놓인 일이 있다면 나눠 봅시다.

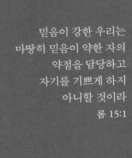

11

강한 믿음,
약한 믿음이
따로 있나요?

믿음이 강한 우리는
마땅히 믿음이 약한 자의
약점을 담당하고
자기를 기쁘게 하지
아니할 것이라
롬 15:1

저는 어릴 적부터 강해지고 싶었습니다. 그래서 친구들이나 동생들과 놀아도 제가 왕이 되어야 했고, 드라마나 영화에서도 왕 역할이 제일 좋아 보였습니다. 강하지 못하면 강해 보이기라도 해야 한다고 생각했습니다. 제가 제일 좋아하는 사자성어도 '외유내강'(外柔內剛)이었습니다.

아마도 제가 가지고 있는 장애로 인한 열등감 때문이었을 것입니다. 남의 도움을 받는 것이 싫었고, 누가 가방이라도 들어 주겠다고 하면 마치 제 약함이 들키기라도 한 것 같아 불편했습니다. 제가 생각하는 강함은 독립이었던 것 같습니다. 남의 도움을 받지 않고 혼자 서는 것! 나 스스로 내 삶을 통제하고, 내 의지대로 할 수 있는 힘을 소유하는 것! 그렇게 강한 것이 곧 성숙이라고 이해했습니다. 하지만 어떤 계기로 하나님은 나를 강하게 하시는 분이 아니라 나의 강함이 되어 주시는 분임을 깨달았고, 그때 진정한 성숙은 독립이 아닌 절대 의존이라는 사실을 알게 되었습니다.

바울 사도는 육체의 가시로 인해(정확히 무엇인지는 모르지만, 아마도 바울을 육체적으로 많이 괴롭힌 것이었겠다고 짐작됩니다) 힘들어하며 하나님께 기도했습니다(고후 12장). 그때 하나님은 바울이 받은 계시가 커서 교만하지 않도록 그에게 육체의 가시를 두었음을 깨닫게 하셨고, "내 은혜가 네게 족하도다 이는 내 능력이 약한 데서 온전하여짐이라"(고후 12:9)라는 음성을 들려주셨습니다.

이에 바울은 "내가 그리스도를 위하여 약한 것들과 능욕과 궁핍과 박해와 곤고를 기뻐하노니 이는 내가 약한 그때에 강함이라"(고후 12:10)라고 고백했습니다. 바울이 약할 때 하나님이 그를 강하게 해 주셨다는 고백이 아니라 그가 약할 때 하나님이 그의 강함이 되어 주셨다는 의미로 보는 것이 합당합니다.

저는 강해지고 싶어서 제 다리를 고쳐 달라고 기도했지만 하나님은 저를 강하게 하시기보다는 제 강함이 되어 주셔서 '너는 나 없이는 못 산다'는 사실을 깨닫게 해 주셨습니다. 물론 여전히 자존심이 강해서 약해 보이는 것을 견디지 못하기는 하지만 말이지요. 약함을 인정하려면 믿음이 필요합니다.

이것은 비단 저만의 문제는 아닐 겁니다. 인간의 원죄가 스스로 하나님이 되고자 하는 힘을 소유하려는 욕구에서 비롯되었으니 강함을 원하는 것은 인간의 죄악된 본능이겠다 싶습니다. 이런 본능은 경건해 보이려는 모습에서도 보이고 우리의 믿음에도 나타납니다.

● 어떻게 하면 강한 믿음을 가질 수 있을까요?

"어떻게 하면 강한 믿음을 가질 수 있을까요?", "어떻게 하면 좋은 믿음을 가질 수 있을까요?" 제가 목회를 하면서 자주 들었던 질문들입니다. '좋은' 혹은 '강한'이라는 형용사가 애매해서 '성숙한'이라는 단어로 바꾸어 준 적이 여러 번 있지만, 내면의 의도는 결국 같습니다.

그런데 '성숙한' 혹은 '좋은'이라는 말에도 힘의 원리가 들어가 있습니다. 성숙한 신앙인이 되려고 해서는 안 된다거나 좋은 믿음은 필요 없다는 뜻이 아니라 그 말에 담긴 위험성을 인지해야 한다는 것입니다. 앞서 언급했듯이 성숙한 믿음이 결국 절대 의존이 아닌 독립을 의미한다면 말입니다.

그러니까 사람들이 기대하는 강한 믿음은 어떤 시련이 와도 흔들림이 없고, 하나님과 이웃을 섬기며 사는 삶이 하나도 힘들지 않고, 절제나 오래 참음의 덕이 무색할 만큼 모든 일이 쉬워 보이는 상태에 이르는 것입니다. 기도 시간이 기다려지고, 재정적 궁핍에 크게 연연하지 않고, 웬만한 고난에는 내색도 하지 않을 만큼 강한 모습이지요.

저에게 강한 믿음을 소유하는 방법을 물었던 분들은 대체로 하나님에 대해 의심이 생기거나 예수 그리스도를 통한 구원이 안 믿어지는 분들이 아니라 믿음대로 사는 것이 힘든 분들이었습니다.

그렇다면 어떻게 해야 그런 경지에 이를 수 있을까요? 초대교회의 교부 오리겐(Origen)이 말한 대로 신자에서 제자로, 제자에서 군사로 승진할 수 있는 과정과 단계가 있는 것일까요? 혹은 은자들이나 일부 수도사들처럼 고행과 수행을 통해 마음을 다스리는 경지에 이를 수 있다고 믿어야 하는 것인가요? 아니면 우리가 믿음생활을 하면서 궁극적으로 추구하는 바가 그와 같은 단계일까요?

믿음대로 사는 삶이 잘 안 되어서 힘들어하는 분들의 갈등과 고민을 모르는 것은 아니었지만, 저는 늘 "이 세상에 강한 믿음, 좋은 믿음은 없다고 생각합니다"라고 대답을 드렸습니다. 더불어서 "강한 믿음을 소유하려고 하지 말고 믿음 안에서 강하게 살려고 애를 쓰면 됩니다"라고 말했습니다.

믿음이 신뢰를 의미하고 믿음생활이 과정이라면 갈등을 해결하고 약함을 극복하는 방법을 찾을 것이 아니라 갈등이나 약함과 함께 사는 법을 찾아야 합니다. 믿음으로 사는 삶은 어떤 경지에 이르러서 긴장이 완화된 삶이 아니라 오히려 타락한 세상에서 여전히 연약한 하나님의 사람이 변함없는 하나님의 말씀을 붙들려는 긴장이 팽팽한 삶이기 때문입니다.

● 성경이 말하는 믿음이 강한 자는 누구일까요?

믿음은 일상적으로 '어떤 일이나 사람에 대한 확신'이라는 의미로도 사용됩니다. 그러니까 '믿음이 강하다'는 말이 하나님을 전적으로 신뢰한다는 의미보다 어떤 일에 강한 확신을 가지고 있다는 의미라면 일상의 언어에서 그런 표현은 충분히 가능합니다.

　애석하게도 한글 개역개정에서는 로마서 15장 1절을 "믿음이 강한 우리는 마땅히 믿음이 약한 자의 약점을 담당하고"라고 번역했습니다. 새번역성경, 현대인의성경, 공동번역도 마찬가지입니다. 옛날 번역인 개역한글에서는 "우리 강한 자가 마땅히 연약한 자의 약점을 담당하고"라고 번역되었고, 제가 알고 있는 한 모든 영어 번역본은 개역한글과 같고 원문에도 믿음이라는 단어가 나오지 않습니다. 사실 이 구절을 제외하고는(동의하기 어려운 번역을 인정한다면) 제가 알고 있는 한 '강한 믿음'은 성경에 나오지 않습니다.

　이 말씀의 배경을 살펴볼 필요가 있겠습니다. 당시 로마 교회에는 (고린도 교회도 마찬가지였지만) 우상에게 제물로 바쳐졌던 음식을 먹어도 되는지, 먹으면 안 되는지를 놓고 논란이 있었습니다. 교회에 분쟁이 생길 정도로 심각했습니다.

아마도 바울은 제물로 바쳐졌던 음식도 감사함으로 받으면 된다는 입장(제물로 바쳐졌다고 음식이 부정해지지는 않는다는 입장)이었던 것 같습니다. 그러나 그럼에도 그 일로 형제를 실족하게 한다면 자신은 평생 고기를 먹지 않을 수도 있다고 했습니다. 그러니까 바울은 먹어도 된다는 입장이라기보다는 그 문제는 교회를 힘들게 할 만큼 중요한 계명의 문제가 아니라서 각자의 결정을 존중한다는 입장이었습니다(롬 14:5, 17 참조).

그러면서 바울은 강한 자는 연약한 자의 약점을 담당하라고 했습니다. 여기서 '강한 자'는 바울과 마찬가지로 제물로 바쳐졌다고 음식이 부정해지는 것은 아니라는, 우상은 단지 돌이고 나무일 뿐이라는 확신이 강한 사람들입니다. '약한 자'는 그래도 제물은 찜찜하고 양심에 걸려서 먹을 수 없다는 사람들입니다. 바울이 그들을 약한 자라고 부른 이유는 바울 자신이 먹어도 된다는 입장이었기 때문일 수도 있고, 먹으면 안 된다는 입장에 있는 사람들이 자기들의 주장을 더 강력하게 말하지 못했기 때문일 수도 있습니다.

분명한 것은 바울이 제물을 먹어도 된다는 사람들은 하나님을 더 신뢰하는 사람들이고, 먹으면 안 된다는 사람들은 하나님을 신뢰하지 않는 사람들이라고 보지는 않았다는 것입니다. 그렇다면 개역개정에서 번역한 '믿음'은 '확신'을 의미합니다.

어떤 일에 대한 강한 확신이 언제나 좋은 것은 아닙니다. 강한 확신이 있다고 하더라도 확신이 없는 사람들의 약점을 담당해야 하는 책임이 있어서 그 입장을 무시하고 밀어붙일 수 없습니다. 엄밀히 말한다면, 이 확신은 하나님을 신뢰하는 믿음과는 별로 상관이 없습니다. 하나님에 대한 확신이 아니라 자신의 입장에 대한 확신이기 때문입니다.

● 믿음이 약한 사람들

교회에서는 이런 확신이 곧 믿음으로 여겨져서 확신이 없는 사람들이 죄인 취급을 받기도 합니다. 가령 무모하게 건물 건축을 시도하는 교회가 있다고 합시다. 그 경우 무모한 건축 시도에 이의를 제기하는 사람이 믿음 없는 사람으로 간주될 수 있습니다. 믿음 없음으로 인해 "왜 그렇게 믿음이 없어요? 전능하신 하나님이 그것도 못하시겠어요?"라는 핀잔을 받기도 합니다.

하지만 엄밀히 말해, 문제가 되는 것은 하나님의 전능하심이 아니라 하나님의 의지입니다. 하나님이 하실 수 있다는 것은 당연히 믿지만, 과연 그것이 하나님이 기뻐하시고 원하시는 일인지에 대해서는 확신이 없다는 말일 뿐입니다. 하나님의 전능하심을 믿는가, 믿지 않는가가 논쟁의 핵심이 아니라 그 일이 하나님이 기뻐하시는 일인가, 아닌가가 논쟁의 핵심입니다.

결국 이 경우에 믿는다는 것은 하나님을 더욱 신뢰한다는 의미라기보다는 자신의 생각이 옳다는 확신이 있다는 의미입니다. 따라서 그 일은 절대로 하나님이 원하시는 것이 아니라는 확신이 강한 사람이 있다면 그는 '믿음이 강한 사람'이 됩니다. 하지만 이 믿음은 하나님을 신뢰함과는 별로 상관이 없습니다.

그럼에도 교회에서는 '믿음이 없다' 혹은 '믿음이 약하다'는 말이 부끄러운 말이고, 때로는 정죄하는 말로 이해 됩니다. 그리고 대부분의 교인들이 자신이 약하다는 이 유로 열등감을 가지고 있기 때문에 '믿음이 약하다'는 말 은 항상 상처가 됩니다.

이런 경우에 약한 믿음은 관점의 문제일 뿐입니다. 제 물을 먹으면 안 된다는 확신이 강한 입장에서는 망설이 고 눈치를 보면서 제물을 먹는 사람이 믿음이 약한 것입 니다. 한편 제물을 먹어도 된다는 확신이 강한 입장에서 는 제물을 먹으면서 찜찜해하거나 눈치를 보는 사람이 믿음이 약한 것입니다.

교회는 이런 일로 사람들을 힘들게 만들거나 위협해 서 자기 입장을 관철시키려고 하지 말아야 합니다. 그것 이 성경에서 유일하게 강한 믿음을 말하고 있는 로마서 15장 1절의 의미입니다.

● "믿음 안에서 강하라"

성경은 강한 믿음에 관해서는 언급이 없지만 '믿음 안에서 강하라'라는 표현은 자주 이야기합니다. 본유적으로 강한 믿음을 소유한 사람은 없습니다. 하지만 그리스도 인들은 누구나 예수 그리스도를 믿는 믿음, 그분의 죽으심과 부활을 통해 주어진 영원한 기업에 대한 소망을 붙들고 살아가도록 힘써야 합니다.

강한 믿음이 이 일을 쉽게 할 수 있는 방법인지, 그런 단계에 이를 수 있는 방법이 무엇인지 제게 묻는다면 저는 그런 것은 없다고 말씀드리고 싶습니다. 하나님은 우리를 강하게 하시지 않습니다. 오히려 우리의 강함이 되어 주시지요. 그래서 강한 믿음이 아니라 믿음 안에서 강함을 말씀하시는 것입니다.

강함을 소유하지 못하면 불편하고 답답할 수 있습니다. 하지만 강함을 소유하려는 것이 힘에 대한 욕망의 표출일 수 있음을 겸허히 인정해야 합니다. 그러면 우리는 연약함 가운데 혼신의 힘을 다해 생명과 소망이 되시는 하나님을 붙들고 살아 내는 것을 사명으로 여길 수 있습니다.

그런 의미에서 본유적으로 강한 믿음을 소유한 사람은 없습니다. 목사는 믿음이 강할까요? 은사를 체험한 사람은 믿음이 강할까요? 제자훈련을 받으면 믿음이 강해질까요?

어쩌면 사람들은 체험이나 훈련 혹은 신분의 변화가 믿음을 강하게 할 것이라고 기대하기 때문에 일정한 과정을 거치고, 꽤 오랜 시간 섬김과 봉사를 통해 교회에서 직분을 받고, 어떤 집회에서 특이할 만한 은혜를 경험하고도 크게 달라지지 않는 자신의 모습에 더욱 실망하게 되는지도 모릅니다.

익숙함을 강함이라고 표현한다면 몰라도, 그 어떤 것도 사람을 원하는 경지에 이르게 하지는 못합니다. 심지어는 고난의 풀무를 통해 연단을 받았어도 더 이상 고난이 두렵지 않을 만큼 강해지지는 않습니다. 강함이 되시는 하나님을 더욱 경험할 뿐이지요. 겸손은 결국 솔직함이니까 강하면서 강하지 않은 척하는 것도 아니고, 강하지만 강함을 드러내지 않는 것도 아닙니다. 우리는 매일매일 우리의 강함이 되시는 주님을 붙들고 살아가야 합니다.

그러니까 속상하기는 하지만 우리의 흔들림도 이상하지 않고, 우리의 넘어짐도 있을 수 있습니다. 다만 "우리는 뒤로 물러가 멸망할 자가 아니요 오직 영혼을 구원함에 이르는 믿음을 가진 자"(히 10:39)일 뿐입니다. 강한 믿음을 가지려고 하면 실패할 때 낙심할 수 있습니다. 그러나 믿음 안에서 강하고자 하면 실패해도 낙심할 수 없습니다. 실패가 아무렇지도 않다는 말이 아니라 실패로 인한 상처가 우리를 주저앉힐 수는 없다는 뜻입니다.

Check Point

강한 믿음	강한 믿음, 좋은 믿음은 없다.
	강한 믿음이 아니라 믿음 안에서 강하게 살려고 노력하면 된다.
	믿음 안에서 강하게 살려고 노력하는 삶은 타락한 세상에서 하나님의 말씀을 붙들려는 긴장을 놓치지 않는 것이다.
	하나님은 우리를 강하게 하지 않고 우리의 강함이 되어 주신다.

나눔을 위한 질문

- 강한 믿음이 없는 자신을 보느라, 강하신 주님을 놓치거나 낙심한 일이 있습니까?
- 믿음이 강해지려고 개인적으로 노력한 일들을 나눠 봅시다.

12

기도하고 구하는 것은
받은 줄로
믿어야 하나요?

그러므로 내가 너희에게 말하노니
무엇이든지 기도하고
구하는 것은 받은 줄로 믿으라
그리하면 너희에게 그대로 되리라
막 11:24

"진정한 회심은 지갑의 회심을 가져온다"는 말이 있습니다. 사람이 회심했다고 하면서도 여전히 재물에 대한 욕심을 버리지 않고 재물에 연연하는 경우를 가리킵니다.

저는 이 말을 "진정한 회심은 욕망의 변화를 가져온다"는 말로 바꾸어 표현해 보고 싶습니다. 사람이 예수님을 믿고 새사람이 되었어도 욕망이 변하지 않는다면 문제입니다. 하지만 그것은 능력의 문제일 뿐 의지의 문제는 아니어야 합니다. 변화된 사람은 정말로 변하고 싶기 때문입니다. 낙심하고 좌절할 만큼 변하지 않는 것이 답답하기는 하지만, 진정한 회심은 우리로 하여금 우리의 원함보다는 주님의 원하심을 이루며 살고 싶게 합니다. 물론 유혹이나 원함이 없다는 말은 아닙니다. 그래서 저는 '궁극적인 원함'과 '즉각적인 원함'을 구분해 보고 싶습니다.

아들이 공부를 하지 않는다고 걱정하는 어머니의 요청으로 한 고등학생을 만났습니다. 학생에게 대학에 가고 싶은지를 물었습니다. 학생은 가고 싶다고 했고, 그 말은 진심으로 느껴졌습니다. 그런데 왜 공부를 하지 않느냐고 묻자, 공부를 하려면 자꾸 자고 싶고 나가서 놀고 싶다고 했습니다.

공부하는 훈련이 안 되어서이겠지만, 그 말은 곧 '대학에 가고 싶다'는 궁극적인 욕망이 사실이라도 당장은 '놀고 싶고 자고 싶다'는 즉각적인 욕망을 누르지 못하고 있다는 뜻입니다.

하고 싶은 욕망은 해야 하는 책임을 수반합니다. 해야 하는 의무는 하고 싶다는 욕망에서 비롯될 때 건강합니다. 피곤하게 토요일을 보내고 맞이한 주일 아침에는 자고 싶다는 즉각적인 욕망이 꿈틀거립니다. 우리가 그래도 예배를 드리기 위해 교회로 향하는 이유는 하나님을 섬기며 살고 싶다는 궁극적인 욕망이 그 안에 있기 때문입니다. 그리스도인의 갈등은 이 두 가지 욕망의 싸움인 셈이지요.

그런데 그리스도인에게 이런 갈등이 없다면 어떨까요?

이 일이 가능하지 않다는 사실은 어렵지 않게 알 수 있습니다. 어쩌면 우리가 직면하고 있는 문제는 더 심각할지 모르지요. 믿음으로 구원을 받았다고 하는 그리스도인의 갈등이 성령과 육체의 소욕 사이의 갈등이 아니라(갈 5:16-17) 육체의 소욕을 따르고 싶은 욕망을 이루지 못해 발생한 경우를 합리화하는 일도 가능하기 때문입니다.

● 기도하면 된다는 말은 옳습니까

성경은 기도하면 된다는 말씀을 곳곳에서 하고 있습니다. 그런데 제법 많은 분이 이런 말씀을 불편하게 생각합니다. 가령 저는 청년 때 요한복음 14장 14절, "내 이름으로 무엇이든지 내게 구하면 내가 행하리라"라는 말씀이나, "너희가 무엇이든지 아버지께 구하는 것을 내 이름으로 주시리라"라는 요한복음 16장 23절 말씀을 일부러 피하려고 했습니다. 그 말씀으로 지나치게 기복적으로 한 설교들에 대한 거부감도 있었지만, 왠지 그 약속이 현실에서는 제대로 적용되지 않는다는 생각 때문이기도

했습니다.

구한다고 주시나요? 아버지의 뜻대로 구하면 주신다 거나, 믿음으로 구하면 주신다는 말은 결국 안 주시겠다 는 말로 들렸습니다. 그러니까 구하면 주신다는 말은 제 게 열심히 기도해야 할 동기를 부여하지 못했습니다. 그 러다가 신학교에 가고 요한복음을 공부하면서 주님이 하 신 말씀이 자연스럽게 들리기 시작했습니다.

주님이 이렇게 말씀하신 문맥도 중요하지만 성경은 변화된 욕망을 전제로 하고 있음을 아는 것도 중요합니 다. 다시 말하면, 회심한 사람들은 무엇이 달라져야 할까 를 고민하는지, 그리고 이 땅에 하나님의 나라가 물리적 으로 도래해서 그 나라의 권력과 영광을 누리려는 마음 으로 가득 찼던 제자들에게 도대체 무슨 일이 일어났기 에 그들이 고난의 길을 자초하게 되었는지를 묵상해 보 십시오.

그러면 그렇게 변한 제자들이 무엇이든 구하라든지, 구하면 주실 것이라는 말씀을 기록했을 때는 과거의 욕 망을 만족시키는 방법을 의미하지 않았을 것임은 어렵지 않게 알 수 있습니다. 회심과 욕망의 회심을 별개의 사건으로 보고 욕망을 합리화하는 것이 얼마나 불신앙적인 일인가를 인식하지 못한 데서 발생한 결과의 후유증을 지금 교회가 겪고 있다고 볼 수도 있습니다.

저는 믿습니다. 기도하면 됩니다. 믿고 구하면 하나님은 우리의 기도를 들어주겠다고 약속하셨습니다. 그런데 저는 가끔 저 자신에게 묻고 싶습니다. 단순한 필요나 약함으로 인한 불편함과 두려움 때문이 아니고, 단지 더 큰 교회에서 목회를 해 보고 싶고 다른 사람에게 더 인정받고 싶고 더 넉넉하게 살고 싶은 원함을 그토록 간절히 구하면요? 그리고 원하는 대로 되지 않는다고 하나님을 원망한다면 그것은 정말 괜찮은 것일까요?

우리의 필요를 구하는 것은 기복이 아니라고 저는 생각합니다. 일상에서 경험하는 일들에 불안과 두려움을 느껴 구하는 것도 마땅하다고 생각합니다(물론 원함과 필요를 구분하는 것이 우리에게는 그리 쉬운 일이 아니지만). 하지만 그것이 인생의 전부인 양 여기거나 그것에 의해서 존재의 가치가 결정될 것처럼 생각하는 기복신앙은 문제입니다. 다시 말하면, 어떤 것에 마땅히 주어져야 할 가치 이상의 가치가 부여되면 그것은 심각한 왜곡입니다.

● "무엇이든지 기도하고
  구하는 것은 받은 줄로 믿으라"

"무엇이든지 기도하고 구하는 것은 받은 줄로 믿으라."
이 말씀을 별도로 다루는 이유는 겨자씨에 대한 언급을
하지 않았던 마가가 겨자씨를 언급하면서 했던 마태와
누가의 말을 하고 있기 때문입니다.

예수님은 마지막 유월절을 보내실 때 베다니에서 예
루살렘으로 가시다가 무화과나무에 열매가 없는 것을 보
시고 (그때는 무화과의 때가 아님에도) 그 무화과나무를 저주하
셨습니다. 그 이유에 관해서도 의견이 분분한데, 여기서
는 그 문제를 다루지 않겠습니다.

다음 날 아침 예수님은 다시 예루살렘으로 들어가셨
습니다. 그때 제자들은 무화과나무가 뿌리째 마른 모습
을 보았습니다. 베드로는 주님께 무화과나무가 정말로
말랐다고 말씀드렸습니다. 그러자 주님은 "하나님을 믿
으라 … 누구든지 이 산더러 들리어 바다에 던져지라 하
며 그 말하는 것이 이루어질 줄 믿고 마음에 의심하지 아
니하면 그대로 되리라"(막 11:22-23)라고 하셨습니다.

예수님이 무화과의 때가 아닌데 열매를 맺지 못했다고 저주하신 것도 사실은 마땅치 않은데 마음에 의심하지 않고 믿음으로 명하면 산도 옮긴다 하시니, 정말 난해한 말씀임에 틀림이 없습니다.

어떤 사람들은 여기서 '이 산'이라고 번역된 부분에 지시를 가리키는 정관사가 사용되어서 단순히 산을 옮기는 믿음이 아니라 '이 산', 즉 예루살렘 성전이 있던 산의 멸망을 예언하신 하나님의 뜻을 향한 믿음이라고 보기도 합니다. 특히 무화과나무를 저주하신 날 예수님이 성전을 청결하게 하셨다는 것이 재미있습니다. 그러니까 무화과나무를 저주하신 것은 성전 멸망에 대한 예고이고, 그 멸망 가운데서도 하나님의 주권을 믿는 믿음이 중요하다고 보는 것입니다.

철도 아닌데 열매가 없다고 무화과나무를 저주하시고, 저주하신 대로 나무가 말라 버린 것이 이해가 되지 않기 때문에 가능한 시도입니다. 하지만 그렇게 읽기에는 왠지 억지스러워 보이는 부분이 있습니다.

또 어떤 학자들은 이 부분은 원래 마가복음에는 없었는데 누군가 나중에 삽입한 것이라고 주장합니다. 단순히 이해가 어려워서라거나 성경 전체의 가르침과 일치하지 않기 때문이라기보다는 사본학상 문제가 있기 때문에 주님이 하신 말씀이라고 보기 어렵다는 것이지요.

주님이 왜 그런 일을 하셨는지 이해하기 어려운 것도 사실이고, 사본학상 문제가 있는 것도 사실이고, 개인적으로 제게도 여전히 난해한 것이 사실입니다. 비록 마가복음에는 기적을 가능하게 하는 믿음에 관해 자주 언급되어 있다 하더라도, 그래서 하나님 나라가 아닌 기적을 행하거나 경험하는 데 궁극적인 목적이 있다고 보기는 어렵습니다. 즉 이 믿음을 하나님 나라에 대한 기다림과 관심이 아닌 기적을 가능하게 하는 방법으로 이해하기는 어렵다는 뜻입니다.

기적은 얼마든지 가능합니다. 그러나 하나님 나라에 속한 사람이 기적에 마음을 둘 수는 없습니다. 뱀을 잡아도 물리지 않고 독을 마셔도 해를 당하지 않는 일은 가능합니다. 그러나 그리스도인들은 그런 능력을 궁극적으로 추구하지는 않습니다. 그러니까 그런 일들은 일어날 수도 있고, 일어나지 않을 수도 있습니다. 결국 주님의 제자들은 그리스도가 왕이 되시고, 선지자가 되시고, 제사장이 되시는 나라를 원합니다.

믿음으로 구하면 산을 옮길 수도 있습니다. 그러나 우리가 산을 옮길 수 있는 능력을 소유하거나 그 노하우를 아는 것은 더 이상 우리의 궁극적인 원함이 아니고 우리가 보고 싶은 현상도 아닙니다. 그것은 기적을 보며 그 능력을 돈을 주고 사려고 했던 시몬의 원함이었을 뿐입니다(행 8장). 우리는 그리스도가 왕 되신 하나님 나라가 임하기를 고대합니다.

● 하나님을 믿으라는 말의 의미

마가복음은 특히 기적을 많이 다룹니다. 마가가 기적을 많이 다룬 이유는 고난의 종이신 그리스도를 통해 이 땅에 임하는 하나님 나라의 능력과 강력함을 보여 주기 위해서, 고난의 종이 바로 왕이심을 드러내기 위해서였습니다.

기적의 목적은 그리스도의 다스리심을 보여 주려는 것입니다. 많은 병자를 병으로부터 자유하게 해 주는 능력을 가지셨고(막 1장), 죄를 사하는 권세를 가지셨고(막 2장),

안식일의 주인이 되시고(막 3장), 바다와 자연세계도 다스리시고(막 4장), 영적인 세계도 다스리시고(막 5장), 오병이어의 기적으로 백성의 필요를 채우시는(막 6장), 그래서 제자들을 놀라게 하셨던 그분이 바로 우리 주 예수 그리스도이십니다. 그분이 오심으로 하나님 나라가 임했습니다. 이 하나님 나라를 세우도록 교회는 부르심을 받았습니다.

기적이 하나님 나라의 도래를 가능하게 해 주는 유일한 수단이 아니라 기적도 하나님 나라의 도래를 위해 사용될 수 있습니다. 주님은 산을 옮길 수 있는 노하우를 가르쳐 주신 것이 아닙니다. 그런 일들을 통해서라도 하나님 나라가 임한다면, 주님이 하신 약속은 기적을 가능하게 하는 노하우나 우리의 육체적 욕망을 채울 수 있는 방법을 보장해 주는 것이 아닙니다. 그 약속은 이미 임한 하나님 나라, 기어코 임할 하나님 나라에 대한 약속입니다.

'하나님을 믿으라!' 이 말은 이 땅에서의 개인의 형통과 안정을 보장해 주시는 하나님을 믿으라는 의미가 아니라 하나님 나라가 이 땅에 임하게 하시는 하나님을 믿으라는 뜻입니다. 그래서 우리는 불편함과 아픔 중에도 주님의 이 말씀을 요술방망이로 이해하지 않습니다. 우리는 우리의 일용할 양식을 위해서 구하겠지만, 그래서 우리의 나라가 임하기를 구하지 않고 일용할 양식을 통해서도 하나님 나라가 임하기를 구할 것입니다. 우리의 원함이 변했고, 우리 인생의 목적이 바뀌었기 때문입니다.

주님의 이 말씀이 기적이 가능하다고 말씀하신 것이라고 보는 편이 가장 무난하고 그럴듯한 해석이라 할지라도, 편하고 쉽게 가는 길로 이 말씀을 이해하지는 않을 겁니다. 저는 그래서 예수님이 이 말씀에 이어서 다소 생뚱맞아 보이지만 바로 교회의 특징이 되는 말씀을 하셨다고 생각합니다. "서서 기도할 때에 아무에게나 혐의가 있거든 용서하라 그리하여야 하늘에 계신 너희 아버지께서도 너희 허물을 사하여 주시리라"(막 11:25).

재미있게도 이 말씀은 "나무더러 뿌리가 뽑혀 바다에 심기어라 하면 그것이 너희에게 순종하리라" 하신 누가복음의 문맥에 나왔던 '용서'에 관한 내용입니다(눅 17:6). 그렇다면 기적을 행하는 믿음과 혐의가 있는 사람을 용서해 주는 믿음은 같은 맥락에서 이해할 수 있습니다. 이것들은 교회의 특징이고, 교회의 사명이라고 볼 수도 있지요.

그러니까 기적을 통해서든 아니든 궁극적으로 우리가 믿는 것은 주님의 다스리심입니다. 하나님을 믿고 구할 때 우리가 믿고 구하는 궁극적인 것은 우리의 일상에서, 우리의 교회에서 그리스도의 다스리심이 실현되는 것입니다. 그 일을 위해서라면 우리는 하나님이 산을 옮기신다 할지라도 "아멘"이라 말할 수 있습니다.

"무엇이든지 기도하고 구하는 것은 받은 줄로 믿으라"라는 말씀은 집을 달라고 구했으면 하나님이 집을 주실 줄 믿고 들여놓을 가구부터 미리 사라는 의미로 이해되지 않습니다. 가난하든 부하든, 건강하든 병약하든 우리는 주님의 다스리심을 가장 궁극적으로 구할 것입니다. 우리를 다스리시기 위해 주님은 때로는 재물도 주시고, 병을 고쳐 주시기도 하고, 산을 바다에 던져지게 하실 수도 있습니다. 하지만 그런 일들이 우리가 원하는 대로 발생하지 않아도, 거기에 그리스도의 다스리심이 드러난다면 우리는 하나님의 뜻에 순종할 수 있습니다.

그래서 저는 무엇이든지 기도하고 구하겠습니다. 그리고 받은 줄로 믿겠습니다. 마가가 증거한 하나님의 독생자, 예수 그리스도가 어떤 분이신지 알고 믿기 때문입니다.

생뚱맞을 수 있지만 저는 "무엇이든지 기도하고 구하는 것은 받은 줄로 믿으라"라는 말씀을 바울이 갈라디아서 2장 20절에서 고백한 말씀의 병행구로 놓고 싶습니다. "내가 그리스도와 함께 십자가에 못 박혔나니 그런즉 이제는 내가 사는 것이 아니요 오직 내 안에 그리스도께서 사시는 것이라."

Check Point

구하는 것은 받은 줄로 믿으라	1. 진정한 회심은 욕망의 변화를 가져온다. 신자의 궁극적인 원함은 하나님 나라의 도래다.
	2. 산을 옮길 수 있는 노하우를 가르쳐 주신 것이 아니다.
	3. 기적의 목적은 그리스도의 다스리심을 가르쳐 주시기 위함이다.
	4. 기적도 하나님 나라의 도래를 위해 사용될 수 있다.

- 구하는 것을 받지 않았는데 어떻게 받은 줄로 믿습니까?
- 신자의 내면에서 일어나는 '궁극적인 원함'과 '즉각적인 원함'이라는 두 가지 욕망의 싸움에 대해 나눠 봅시다.

2부

믿음을 어떻게 지킬 것인가

13

믿지 않는 사람에게도 일시적인 믿음이 가능한가요?

예수께서 배에 오르사
건너가 본 동네에 이르시니
침상에 누운 중풍병자를
사람들이 데리고 오거늘 예수께서
그들의 믿음을 보시고
중풍병자에게 이르시되 작은 자야
안심하라 네 죄 사함을 받았느니라 …
마 9:1-38

하나님을 믿지 않고, 오히려 믿는 사람들을 핍박하던 사람이 있었습니다. 아들이 병이 들어 사경을 헤매자 그분은 기도를 했습니다. "이번에 내 아들을 살려 주시면 내가 하나님을 믿겠습니다. 내가 무엇이든지 할 테니까 내 아들 좀 살려 주세요." 그런데 정말 기적처럼 아들의 병이 나았습니다.

이런 간증을 들으면 우리는 단순히 그 결과를 보고서는 하나님이 그분의 기도를 들으시고 병을 고쳐 주셨다고 말합니다. 그런데 이 문제는 그리 간단하지 않을 것 같습니다. 하나님이 불신자의 기도를 들어주실까요? 좀 더 정확하게 말하자면, 하나님에 대한 인격적인 신뢰보다는 당장에 처한 급한 상황에서 문제를 해결하기 위해 대상이 누구든 상관없이 도움을 청한 것도 기도라고 부를 수 있을까요?

이 문제를 해결하기 위해서 개혁주의에서 강조하는 교리 중 하나가 '일반은혜'(혹은 '일반은총'이라고 부릅니다)에 관한 교리입니다. '구원의 은혜'(saving grace)와는 달리 모든 사람에게 임하는 일반은혜(common grace)가 있다는 교리입니다. 예수님이 말씀하신 대로 해가 악인에게도 비치고 의인에게도 비치는 것처럼(마 5:14), 타락하고 오염되었지만 인류 사회와 자연을 보호하기 위해서 하나님이 허락하신 은혜가 있는데 그 은혜를 일반은혜라고 부릅니다.

개혁주의 신학자 유진 오스터헤이븐(M. Eugene Osterhaven)은 일반은혜가 구원의 은혜와 어떻게 다른지를 설명하면서 그 차이 중 하나를 다음과 같이 설명했습니다. "일반은혜는 죄를 억제시키고 외부적인 질서와 의를 증진시키지만, 구원의 은혜는 살아 계신 하나님을 믿고 섬기도록 마음을 새롭게 하고 죄로부터 자유하게 해 준다."

만일 하나님이 기도를 들어주셔서 병을 고쳐 주셨다면 그것은 인간을 불쌍히 여기시는 하나님의 은혜이기는 하지만 아직은 구원의 은혜라고 부르기는 어렵다는 뜻입니다. 구원의 은혜는 예수님을 주라 부르도록 하고 회심해서 그분을 섬기도록 하는 은혜이기 때문입니다.

두 은혜 모두 하나님의 자비하심에서 비롯되었고, 일반은혜가 구원의 은혜를 받도록 하기 위한 수단이 될 수는 있습니다. 하지만 일반은혜를 받은 증거가 있다고 해서 구원을 보장해 주지는 못합니다. 병이 나았다고 구원을 받은 것은 아니라는 의미입니다.

● 마태복음 9장에 나오는 주님이 병을 고치신 사건들

마태복음 9장은 주님이 병을 고치신 사건들을 모아 놓았습니다. 그곳에 나오는 사건들은 모두 믿음과 밀접한 관계가 있습니다. 병 고침과 믿음의 관계가 혼란스러운 이유는 어쩌면 일반은혜에서의 믿음과 구원의 은혜에서의 믿음을 구별하지 않기 때문인지도 모릅니다. 그러니까 많은 경우에 주님이 말씀하신 믿음은 칭의의 수단으로서의 믿음이 아니라, 이 땅에서 사는 동안 믿지 않는다 할지라도 자연적인 혜택을 누리고 서로를 신뢰하고 의

지하도록 하신 일반은혜의 표현으로서 믿음일 수 있다
는 말입니다.

중풍병자를 고치심

예수님이 가버나움에 가셨을 때 정말 많은 사람이 예
수님이 계신 집에 모여들었습니다. 네 사람이 침상에 누
운 중풍병자를 메고 왔으나 사람들이 너무 많아서 주님
께 가까이 갈 수 없었습니다. 그러자 그들은 지붕을 뚫고
주님께 그를 데려다 주었습니다. 누가는 좀 더 구체적으
로, 사람들이 지붕에 올라 기와를 벗기고 병자를 침상째
예수님 앞에 달아 내렸다고 했습니다(눅 5:19). 그때 주님
은 그들의 믿음을 보시고 "작은 자야 안심하라 네 죄 사함
을 받았느니라"(마 9:2)라고 말씀하셨습니다.

우리에게 혼란스러운 점은 바로 이 부분입니다. 예수
님은 다른 사람들의 믿음을 보시고 병자의 병을 고쳐 주
셨을 뿐만 아니라 죄를 사해 주셨습니다. 누구의 믿음일
까요?

마태복음이나 누가복음의 기록에는 정확히 나와 있지
않지만, 마가복음에는 "사람들이 한 중풍병자를 네 사람

에게 메워 가지고 예수께로 올새"(막 2:3)라고 기록되어 있습니다. 사람들이 네 사람으로 하여금 병자를 메고 주님께 데리고 가도록 했다는 것입니다. 마가만 침상을 메고 간 사람이 4명이었음을 기록했습니다. 하지만 사람들이 네 사람에게 그렇게 하도록 한 것이라면요? 주님이 보신 '그들의 믿음'은 그 동네 사람들의 믿음일 수도 있고, 네 사람의 믿음일 수도 있습니다.

아무튼 주님은 병자의 주변 사람들의 믿음을 보셨습니다. 병자에 관한 이야기가 일체 없으니, 주님께로 나가는 이 일에 병자가 얼마나 능동적으로 참여했는지는 알 길이 없습니다. 지붕을 뚫고 주님께 나갈 정도라면 참 대단한 믿음의 사람들입니다.

그런데 여기서 몇 가지 의문이 생깁니다. 다른 사람들의 믿음으로도 주님이 병을 고치시나요? 병자에게 믿음이 없어도 상관없나요? 주님께 병자를 데려온 사람들의 믿음은 어떤 믿음이었을까요?

아주 오래전에 중국 시골에 가서 설교를 한 적이 있습니다. 당시 그곳에는 목사가 없었기 때문에 목사가 왔다는 소문이 온 마을에 퍼졌습니다. 예배를 마치고 식사를 하고 있는데 할머니 한 분이 들어왔습니다. 교회를 다니는 분은 아니었던 듯한데 목사가 왔다는 소문을 듣고 차를 빌려 타고 급하게 왔다고 했습니다. 제 앞에 돈을 내놓으면서 자기를 위해 기도해 달라고 했습니다. 너무 아픈데 기도를 받으면 나을 것 같아서 왔다는 것입니다.

저는 그때 할머니의 믿음이 참 대단하다 생각했습니다. 저에 대해서 전혀 아는 것이 없음에도 기도를 받으면 병이 낫겠다는 믿음으로 헌금을 가지고 돈을 들여서 차를 빌려 타고 허겁지겁 저를 찾아온 것입니다.

하지만 그 할머니의 믿음은 구원에 이르는 믿음이 아닙니다. 설령 기도를 받고 병이 나았다고 해도, 그 일도 자신이 죽을 수밖에 없는 죄인임을 알지 못했을 수도 있고 예수 그리스도의 죽음과 부활을 통해 그분과 연합되지 못했을 수도 있습니다. 물론 복음을 들을 마음의 준비는 되었을 수도 있지만 말입니다. 할머니에게는 낫고 싶다는 간절한 마음과 목사에 대한 일종의 마술적 믿음이 있었을 뿐입니다.

주님은 '그들의 믿음'을 보시고 병자의 죄를 사해 주셨습니다. 이는 어떤 사람들의 믿음으로 다른 누군가가 구원을 받을 수 있다는 의미가 아닙니다. 주님은 낫기를 원하는 병자에게, 그리고 모여든 모든 사람에게 인자가 세상에서 죄를 사하는 권능이 있는 줄을 알게 하려고 그렇게 말했다고 하셨습니다(마 9:6). 그러니까 주님은 그들의 믿음 때문에 병자의 죄를 사해 주신 것이 아니라(지붕을 뚫고 침상을 내릴 정도로 대단한 믿음이었지만) 이 사건을 통해서 자신이 어떤 존재인지, 무엇을 하기 위해서 이 땅에 왔는지를 알려 주시고 자신이 메시아라는 사실을 드러내신 것이지요.

모든 믿음을 구원에 이르는 믿음이라고 보기는 어렵습니다. 구원과는 상관없이 아주 단순한 마음으로 믿고 행하는 사람들도 있습니다.

우리는 종종 교회에 다닌 지 얼마 되지 않았는데도 교회 일에 적극적이고 성경 공부도 열심인 사람들을 보면 "교회에 다닌 지 얼마 안 되는데도 참 믿음이 좋습니다"라고, "나중 된 자가 먼저 된다는 주님의 말씀이 딱 맞습니다"라고 칭찬합니다. 저는 그렇게 열심일 수 있는 믿음이 대단하다고 생각하지만, 그래서 그 사람이 구원을 받았다고 전제해서는 안 된다고 확신합니다. '교회생활이

곧 믿음생활'이라는 이원화된 생각에서 비롯된 말이기도
하지만 믿음을 너무 획일화시킴으로 비롯된 말이기도 합
니다. 이때 믿음은 주님을 인격적으로 신뢰한다는 의미
는 아닙니다.

주님이 중풍병자를 데리고 온 사람들의 믿음을 보셨
지만, 이는 그들이 곧 주님의 제자였다거나 주님이 그들
을 제자로 여기셨다는 의미는 아닙니다. 일반은혜 가운
데 환난 중에 있는 누군가를 도와주려는 선한 마음입니
다. 그들이 죄를 사하시는 주님의 은혜를 알고 믿었던 것
은 아닙니다.

혈루병을 앓던 여인을 고치심

예수님이 길을 가실 때 12년 동안 병으로 고생하던 한
여인이 '혹 예수님의 옷자락이라도 만지면 병이 나을 수
있겠다'는 믿음으로 예수님의 옷자락을 만졌습니다. 믿
음의 행위라고 보기에는 조금 소심합니다. 그녀는 혈루
병을 앓고 있는 사람이니까 부정한 여인이고, 그래서 다
른 사람을 만지면 안 된다는 관습 때문에 주님의 몸에 손
을 댈 수 없었습니다. 하지만 생각해 보면 옷자락을 만지

기보다는 많은 사람 앞에서 주님께 도움을 요청할 수도 있었습니다.

사실 옷자락을 만지기만 해도 병이 나을 것이라고 확신했다면 대단한 일이기는 합니다. 하지만 아무 일도 일어나지 않아도 여인에게는 큰 손해가 날 일은 아니었습니다.

아무튼 주님은 그 몸에서 능력이 나간 것을 아시고(사실은 누가 어떤 마음으로 만졌는지도 다 아셨겠지만) "내게 손을 댄 자가 누구냐"(눅 8:45)라고 물으셨습니다. 여인은 이미 병이 나았음을 알았기 때문에 너무 놀라서 떨며 주님 앞에 나와 자신이 손을 댄 이유와 그래서 병이 곧 나았다는 사실을 고했습니다. 그때 주님이 말씀하셨습니다. "딸아 안심하라 네 믿음이 너를 구원하였다"(마 9:22). 그리고 여인은 그 즉시 구원을 받았습니다.

이 말씀이 어려운 이유는 '구원'이라는 단어에 대한 오해 때문입니다. 여기 구원으로 번역된 헬라어 단어는 질병이 나음을 받는다든지 재난 가운데서 구조될 때에도 사용됩니다. 그래서 마가복음에는 조금 더 구체적으로 상태가 묘사되어 있습니다. "딸아 네 믿음이 너를 구원

하였으니 평안히 가라 네 병에서 놓여 건강할지어다"(막
5:34).

그러니까 주님이 여인의 믿음을 보고 병을 고쳐 주신
것이지, 죄와 사망에서 구원하신 것은 아닙니다. 병 고침
을 통해 주님과의 인격적인 관계가 가능해졌고, 그 인격
적 관계를 위한 믿음이 여인에게 생겼다고 볼 수는 있겠
지만(아무도 모르는 일이지만 그랬을 가능성이 큽니다), 그녀가 예
수님을 메시아로 믿었다고 볼 만한 증거는 없습니다. 이
믿음은 타 종교에서도 가능하고, 무신론자에게도 가능합
니다. 다만 여인은 고난 중에서 자신의 문제를 해결해 줄
수 있는 분을 제대로 만난 것입니다.

맹인들의 눈을 뜨게 하심

이 사건은 마가복음과 누가복음에는 없고 마태복음에
만 기록되어 있습니다. 두 맹인이 예수님을 보고 담대히
소리를 지르며 도움을 청했습니다. "다윗의 자손이여 우
리를 불쌍히 여기소서"(마 9:27). 주님은 그들에게 물으셨
습니다. "내가 능히 이 일 할 줄을 믿느냐"(마 9:28). 맹인
들이 그렇다고 하자 주님은 그들의 눈을 만지시며 "너희

믿음대로 되라"(마 9:29) 하셨고 곧 그들의 눈이 밝아졌습니다.

맹인들은 예수님이 메시아이시기 때문에(당시 유대인들이 가지고 있던 메시아관에서 크게 벗어나지 않았을 수도 있지만) 자기들의 눈을 고쳐 주실 수 있다고 믿었습니다. 이사야 35장 말씀이 그들에게는 소망이었겠지요("…그때에 맹인의 눈이 밝을 것이며 못 듣는 사람의 귀가 열릴 것이며…"). 맹인들은 예수님을 메시아로 믿었습니다. 메시아로서 자기들의 시각 문제를 해결해 주실 수 있다고 믿었습니다.

"믿음대로 되라"라는 말씀은 믿음의 분량만큼 기적이 일어나리라는 뜻이 아닙니다. 믿음이 온전하지 못하면 한쪽 눈만 떠진다든지, 조금이라도 의심이 생기면 시력이 완전히 정상이 되지는 않을 것이라는 의미가 아닙니다. "네가 그렇게 믿으니 그렇게 되라"는 말씀입니다.

● 역사하는 믿음

이상의 3가지 사건을 통해서 알 수 있는 가장 확실한 교훈은 '예수님은 어떤 분이신가?' 하는 것입니다. 예수님은 우리를 긍휼히 여기시는 분이고, 문제를 해결하실 수 있는 분이고, 메시아이십니다. 예수님은 병을 고치러 오신 분이 아니라 우리를 긍휼히 여기셔서 죄에서 자유하게 하시고 영원한 생명을 주기 위해서 오신 분입니다. 그래서 주님은 병 고침을 통해서 그리스도의 메시아 되심을 보여 주셨습니다. 주님은 우리를 불쌍히 여기셨으니까요.

그런데 예수님이 병을 고치실 때 믿음이 언급되었습니다. 이 믿음은 구원에 이르는 믿음이 아닙니다. 이 믿음은 예수님이 병을 고쳐 주실 수 있다는 일종의 확신입니다. 따라서 복음서는 이 믿음을 구원에 이르는 믿음이라고 보지는 않지만, 그 믿음에 이를 수 있도록 주님을 바라보기 시작하는 믿음이라고 말합니다. 이 믿음으로 병 고침을 받고 구원에 이르지 못할 수도 있습니다. 그래서 신학적으로는 이 믿음을 '구원에 이르는 믿음'(saving faith)과 구분해서 '역사하는 믿음'(working faith)이라고 부르기도 합니다.

어떤 믿지 않는 사람이나 타 종교인은 이 믿음(역사하는 믿음)으로 병 고침을 받기도 하고 능력을 체험하기도 할 것입니다. 하나님은 이 땅에서 그런 일들을 통해서도 아프고 약한 사람들에게 긍휼을 베풀어 주십니다. 하지만 그 믿음이 전부일 수 없습니다. 이런 체험들을 통해 주예수님을 믿는(구원을 위해 인격적으로 신뢰하는) 믿음에 이르러야 합니다.

따라서 타 종교나 불신의 세계에서 병 고침과 능력이 일어나는 것은 언제나 불쾌한 일은 아닙니다. 다만 믿음에 의한 그러한 현상이 하나님으로부터 더욱 멀어지게 할 수 있다는 점이 안타까울 뿐입니다. 예수님을 바라보고 예수님을 주라 부를 수 있는 인격적인 관계가 가장 소중하기 때문입니다.

Check Point

1. 구원의 은혜와 일반은혜(일반은총)는 별개다.

2. 일반은혜를 받았다고 구원의 은혜를 받은 것은 아니다.

3. 병자가 낫게 된 믿음은 구원에 이르는 믿음이 아니다.

4. 병자를 낫게 해 주신 것은, 예수님이 영원한 생명을 주시는 분임을 알려 주신 것이다.

- 믿음이 없는 사람이 특정 사건으로 일시적 회심을 하는 경우를 본 적이 있다면 나눠 봅시다.

- 예수님이 병을 고치실 때 믿음을 언급하셨지만, 그 믿음은 구원에 이르는 믿음이 아닙니다. 당신은 구원에 이르는 믿음이 병이 낫는 믿음(역사하는 믿음)보다 본질적인 믿음이라는 데 동의합니까? 왜 그렇습니까?

14

동정녀 탄생을
믿지 않아도
구원을 받나요?

우리가 다 하나님의 아들을 믿는 것과
아는 일에 하나가 되어
온전한 사람을 이루어
그리스도의 장성한 분량이
충만한 데까지 이르리니

엡 4:13

믿음을 단순한 지적인 동의로 여기기 때문에 일어난 웃지 못할 일이 있었습니다. 어느 교회에서 발달장애인들에게 복음을 전하면서 그들도 예수님을 믿는다고 고백해 구원받았으면 좋겠다는 간절한 마음이 있었나 봅니다. 발달장애인들에게 물었습니다. "예수님이 하나님의 아들이실까요?", "예수님이 동정녀에게 나셨을까요?", "예수님이 다시 살아나셨나요, 살아나지 못하셨나요?"

보통 발달장애인들은 둘 중 하나를 선택해야 하는 질문을 하면 첫 번째를 선택합니다. 또한 가부를 묻는 질문에는 대부분 "예"라고 대답하지요. 그들은 이 점을 알고 있었기 때문에 정답을 말하도록 질문을 만든 것입니다. 발달장애인들이 진심으로 정답을 말했을까는 그리 중요해 보이지 않습니다. 단지 그런 판단을 하기 어려운 이들에게 교회의 기본적인 교리적 고백에 대한 동의를 억지로 얻어 내려고 한 시도 자체가 안타깝기마저 합니다.

한번은 알츠하이머를 앓고 있는 할머니의 임종을 지킨 적이 있습니다. 할머니는 예수님을 믿지 않았기 때문에 가족들은 할머니가 구원을 받지 못할까 봐 두려웠나 봅니다. 겨우 의식을 붙들고 있는 분을 위해서 복음을 전해 달라고 가족들이 제게 부탁을 했습니다. 가족들의 요청에 따라 할머니에게 복음을 전하는 것이 제게는 아무 문제가 되지 않았습니다. 언제나 들음을 통해서는 아니더라도, 믿음이 들음에서 난다면 제가 복음을 전할 때 성령이 어떤 일을 그 심령에 해 주실지는 아무도 모르는 일이니까요.

그런데 제가 복음을 전하는 동안에 가족 중 한 분이 할머니를 유심히 주목했나 봅니다. 약간 흥분한 목소리로 말했습니다. 제가 복음을 말할 때 할머니 눈에 총기가 있어 보였고 고개를 끄덕인 것 같다는 겁니다. 정말 그랬을 수도 있고, 아닐 수도 있습니다. 하지만 그러니까 구원을 받았을 것이라고 생각한다면, 혹은 반대로 아무 반응도 보이지 못했으면 주님을 영접한 적이 없어서 구원을 못

받았다고 생각한다면 그것은 가족들의 안타까운 심정의 표현일 뿐입니다.

그리스도인들에게는 그렇게 동의하지 않으면 안 된다는 강박이 있습니다. 일반적인 상황에서는 이해가 되지만(의도적으로 동의하지 않음이 더 이상할 테니까), 지적인 동의가 구원의 절대 조건이라고 생각하는 것은 무리가 있습니다.

● 구원을 얻는 데 어느 정도의 지식이 요구될까요?

우리는 믿음을 단순한 지적인 동의로 보지 않아도, 믿음에는 지적인 요소가 있다는 점에 대체로 동의합니다. 그러니까 무조건 믿는다고 해서는 안 되고, 구체적인 믿음의 내용이 있어야 한다고 생각하지요. 그렇다면 어느 정도의 지식이 구원을 얻는 데 필요한 지식일까요?

쉽게 접할 수 있는 대답은 "적어도 사도신경의 내용은 믿어야 합니다"라는 것입니다. 사도신경을 절대적으로 간주하지는 않아도 그 고백의 내용이 기독교 신앙의 기본적인 교리라고 보기 때문입니다. 그러니까 천지를 지으신 하나님을 믿고, 예수님의 성령으로 잉태되심과 동정녀 탄생, 고난과 죽으심, 부활, 승천, 재림을 믿어야 한다고 생각합니다.

재미있게도 우리는 예수 그리스도의 사역에 대한 이 부분을 제일 중요하게 생각하고, 다음 단락에 나오는 교회와 성도의 교제와 죄 사함과 몸의 부활과 영생에 대한 믿음은 구원을 위한 절대적인 지식으로 보지 않는 경향이 있습니다. 이 중 하나라도 다르게 믿으면 어떨까요?

꽤 오래되었지만 최근에 다시 불거진 논쟁 중 하나가 '지옥이 있는가?' 하는 것입니다. 개혁주의 신학자들 중에 영원히 고통을 당하는 지옥이 있다고 보는 사람들도 있었고, 그런 지옥이 주님의 재림 때까지만 있다가 없어진다고 보는 사람들도 있었고, 영원히 고통을 당하기보다는 아주 멸망해서 영혼이 소멸된다고 보는 사람들도 있었습니다(존경받는 복음주의 신학자인 존 스토트[John Stott]가 이 입장을 취했기 때문에 논란이 되기도 했습니다).

지옥의 실재를 믿더라도, 지옥이 어떤 곳인지에 관해 성경이 그다지 많이 언급하지 않기 때문에 이런 다양한 의견들이 가능합니다. 나름대로 진지하고 진실하게 성경을 연구하고, 그래서 양심에 거리낌 없이 어떤 결론에 도달했다면 논쟁은 가능하겠습니다. 하지만 입장의 차이로 섣불리 구원의 진위를 판단하는 것은 위험한 일입니다(제법 많은 경우에 다른 입장을 말하는 의도와 연구 결과 혹은 일관성과 진실성을 살펴보지도 않고 다른 입장이라는 이유만으로 판단하는 것 같아 아쉽습니다).

물론 어떤 것은 종류의 차이라서 이단 시비가 가능합니다. 하지만 정도의 차이를 종류의 차이로 보아서 이단 논쟁을 벌이다 보면 마녀사냥도 가능할 수 있다는 것을 우리는 교회 역사를 통해 잘 알고 있습니다.

천년왕국설, 사후의 몸과 영혼의 상태에 대한 교리들, 기적적인 은사들의 입장에서 보이는 차이를 종류의 차이로 보아야 할까요, 아니면 정도의 차이로 보아야 할까요? 정도의 차이로 본다면, 믿음의 정도의 차이를 가지고 이단과 정통을 나누고 한 사람의 구원을 논하는 것은 위험합니다. 종류의 차이로 본다면, 그 지식에 따라서 거짓과 참이 나누어져야겠지요.

● 동정녀 탄생에 관해

민감하기는 하지만 한 예를 들어서 생각해 보겠습니다. 동정녀 탄생을 믿는 문제는 종류의 문제인지, 아니면 정도의 문제인지를 첨예하게 나눌 수 있다고 생각하기 때문에 이 문제를 놓고 조금 더 설명을 드리겠습니다. 아마도 제목을 보는 순간, 이미 마음에 결정을 내린 분도 계실 겁니다.

어떤 사람은 믿음에서 모든 초자연적인 요소는 제거하고 이성적으로 이해되는 것만 믿으려고 하는 합리주의의 영향을 크게 받아서 동정녀의 잉태가 과학적으로 불가능하다고 주장했습니다. 그러니까 예수님을 인격적으로 신뢰하지만 합리적으로 이해되는 것만 믿은 겁니다.

어떤 사람은 신학적으로 동정녀 탄생을 주장해야 할 이유와 근거를 찾을 수 없어서, 다시 말하면 그리스도의 성육신이 반드시 동정녀를 통해서 이루어져야 한다는 주장이 설득력이 없어서 큰 의미를 두지 않았습니다. 하나님의 아들이 일반적인 방법으로 성령에 의해서 잉태되어 태어나셨다고 해서 우리의 죄를 지고 가는 하나님의 어린 양이 되시지 못할 이유가 없다는 것입니다. 그러니까 동정녀 탄생의 교리적 근거가 설득력이 없다고 생각한 것이지요.

어떤 사람은 '동정녀'라는 원어의 의미나 예수님의 탄생에 관한 이야기를 비신화화해야 성경의 진정한 의미를 찾을 수 있다는 해석학적 입장에서 동정녀 탄생 교리를 거부할 수 있습니다(재미있게도 바울은 동정녀 탄생에 관해 언급도 하지 않았고, 믿음의 내용으로도 이야기하지 않았습니다. 물론 그래서 바울이 동정녀 탄생을 믿지 않았다는 뜻은 아닙니다). 모든 성경을 문자적으로 읽지 말아야 하는 것처럼, 성경도 다양한 문학적 장르로 기록되었다면 상징적인 의미와 신화화된 사건을 통해 참된 메시지를 찾아낼 수 있다는 일종의 해석학적 입장입니다.

그럴 수도 있겠다는 생각이 드십니까? 아니면 무조건 이단이라고 생각되십니까? 진심으로 죄인 된 자신 때문에 절망하고, 성육신하신 예수 그리스도만이 유일한 소망이심을 믿어서 전적으로 그분을 주님으로 믿고 신뢰하는데, 다른 입장이라면 어떨까요?

아마 어떤 사람들은 정말 성육신하신 예수 그리스도

만이 소망이시라고 믿는다면 동정녀 탄생을 다르게 믿을 수 없다고 생각할 겁니다. 반면에 그럴 수도 있겠다고 생각하는 분도 있겠지요?

그런데 문제는 조금 더 복잡합니다. "개인적으로는 동정녀 탄생이 중요한 고백의 내용이라고 믿지만, 그렇게 생각하지 않는 사람들을 이해할 수는 있다"고 말하는 사람은 어떤가요? 자기는 그렇게 믿지 않아도, 인정한 것만으로도 이단 시비의 구설수에 오를 수 있을까요?

사실 이 문제는 그렇게 쉬운 문제가 아닙니다. 나름대로의 소신에 따라 교단이 생기고, 교단 안에서 끊임없이 이단 논쟁이 벌어지는 현상을 봐도 어려움을 느낄 수 있습니다. 사실 하나를 믿고 다른 하나를 믿지 않는 것은 가능하지 않다고 말하지만, 신학적으로 세부 사항에 들어가 보면 믿는다고 하는 입장들 사이에도 꽤 엄청난 차이가 있음을 알게 됩니다.

● "사랑 안에서 참된 것을 말하라"

바울은 에베소서에서 "우리가 다 하나님의 아들을 믿는 것과 아는 일에 하나가 되어 온전한 사람을 이루어 그리스도의 장성한 분량이 충만한 데까지 이르리니"(엡 4:13)라고 말했습니다. 그리고 바로 이어지는 14절에서, 그렇게 하나가 됨으로 온갖 교훈의 풍조에 밀려 요동하지 않게 하라고 했습니다.

이 일은 쉽지 않습니다. 거짓된 교훈에 흔들리지 않으려면 어떤 것이 속임수이고 간사한 유혹인지 분별해야 합니다. 그렇게 판단하면서 하나가 되는 일은 이미 상당한 긴장이 느껴집니다. 그래서 바울은 15절에서 "오직 사랑 안에서 참된 것을 하여(speak the truth in love) 범사에 그에게까지 자랄지라"라고 했습니다.

사랑 안에서 참된 것을 말하는 것, 이것이 얼마나 어려운 일인지 아시지요? 진리를 말하라면, "당신이 틀렸다"는 말이 어렵지만 가능합니다. 사랑하라면, "그래도 괜찮아"라는 말도 할 수 있습니다. 그렇지만 사랑 안에서 진리를 말하라면, 진리를 타협해서도 안 되고 함부로 정죄해서도 안 됩니다.

재미있게도 요한계시록을 보면, 주님이 에베소 교회를 칭찬하실 때 그들이 악한 자를 용납하지 않고 거짓된 자들을 색출해 낸 일을 언급하셨습니다. 진리를 말한 것이지요. 그런데 책망하실 때는 그들이 처음 사랑을 버렸다고 하셨습니다.

대체로 여기서 말하는 사랑의 행위는 순회 전도자들에게 베풀었던 호의와 친절이라고 봅니다. 그러니까 당시에 순회 전도자들 중에 이상한 사람들이 많았던 겁니다. 에베소 교회가 내린 결정은 교회의 순결을 지키기 위해서 순회 전도자들을 아예 교회에 받아들이지 않은 것이지요. 그래서 정작 헌신된 전도자들조차도 에베소 교회를 통해 아무런 도움이나 격려도 받을 수 없었던 것입니다.

믿음에는 지식이 절대로 필요합니다. 바른 지식이 필요합니다. 그냥 무엇이든지 진실하게 믿으면 되는 것이 아닙니다. 2,000년 동안 수많은 논쟁과 논란, 그로 인한 분쟁도 있었지만 이는 쓸데없는 갈등과 싸움이 아니었습니다. 믿음의 내용을 중요하게 여기고 지키기 위한 것이었습니다.

어쩌면 현대 교회의 문제는 우리가 믿는 바가 무엇인지에 관한 치열함과 진지함이 결여된 것인지도 모릅니다. "포스트모던의 문제는 아무것도 믿지 않는 것이 아니라 아무것이나 믿는 것"이라는 말이 제법 설득력이 있습니다. '아무것이나 믿을 수 있다'는 말은 내가 믿는다는 주관적인 마음의 상태를 믿음이라고 불러서 사실은 아무것도 진지하게 믿고 있지 않는 의미일 수 있습니다.

그렇지 않습니다. 지식이 믿음일 수는 없지만(다시 말해서 지식이 지성은 자극할 수 있어도, 그래서 의지를 자극할 수는 없지만), 지식이 신뢰의 선제 조건이 되는 것은 사실입니다. 지식을 통해서 구원에 이른다고 말하는 것만큼이나 구원에 지식은 필요가 없다고 말하는 것도 위험합니다.

그러나 그럼에도 지식의 절대적 필요를 말할 때는 신중해야 합니다. 아니, 그 일은 아주 어려운 일이라는 인식이 필요합니다. 물론 개인적으로, 또한 연대적으로(이 경우에는 교단이 되겠지요) 기본적인 믿음의 지적 요소들을 결정할 수 있습니다. 그래서 같은 뜻을 가진 사람들이 교단을 만들고 진리를 수호하기 위해 투쟁도 하지요. 하지만 문제가 되는 것은 어떻게 그 일을 사랑 안에서 하겠는가 하는 것입니다. 저는 교회가 이 일에 얼마나 신중해야 하는지를 조금 더 인식할 필요가 있다고 생각합니다.

● 믿음은 이해를 의미하지 않습니다

화제를 바꾸어 보겠습니다. 믿음에 바른 지식이 절대적으로 필요하지만, 지식이 언제나 이해를 의미하지는 않습니다.

어느 청년이 제게 "저는 동정녀 탄생을 믿을 수가 없는데 어떻게 하지요?"라고 물었습니다. 그래서 제가 "나도 믿을 수 없어요"라고 대답했습니다. 청년이 믿을 수 없다고 말한 뜻은 생물학적으로 설명이 안 되고 머릿속에 그림이 그려지지 않는다는 의미였기 때문입니다.

"아무개 암이 완전히 사라졌대. 믿어져? 도저히 믿을 수가 없는데!" 이 말은 의사의 검사와 진단이 틀렸다는 의미일 수도 있고 말을 전해 준 사람이 거짓말을 하고 있다는 뜻일 수도 있습니다. 하지만 상식적으로 생각하면, 이성적으로는 설명이 안 된다는 것이지요. 그러나 환자가 병이 나았다는 것을 못 믿겠다는 말은 아닙니다.

저도 동정녀 탄생이 이해가 안 됩니다. 성령이 못하실 일은 아니라고 믿지만 이해가 되는 것은 아닙니다. 하지만 믿을 수 있습니다. 그런 의미에서는 삼위일체도 믿을 수 없고, 예정도 믿을 수 없고, 부활도 믿을 수 없습니다. 하지만 우리는 믿습니다. 그리스도를 인격적으로 신뢰하는데, 그런 것들에 대한 이해가 걸림이 되어서 자신이 믿음이 없다고 생각한다면 불가해함을 불가해함으로 인정하는 것이 믿음과 별개임을 기억하는 것이 중요합니다.

개인적으로는 신학적인 일관성이나 성경의 해석상 동정녀 탄생에 대한 믿음은 절대적으로 필요하다고 생각합니다. 성경에 계시된 하나님은 구원 계획에 따라 인간의 죄를 사하시고 인간으로 하여금 다시 하나님의 자녀가 됨으로 죄와 죽음의 문제를 해결하셨습니다. 그 하나님의 뜻을 따라 이 땅에 오셔서 십자가 죽음과 부활을 경험하신 예수 그리스도를 통해서만 영생이 가능합니다. 하지만 가장 중요한 것은 이 사실을 믿고 그분께 우리의 인생을 맡길 수 있는가 하는 것입니다.

Check Point

믿음과 지식의 상관관계	믿음에는 바른 지식이 필요하나, 지식이 반드시 이해를 의미하지는 않는다.
	이해가 되지 않는다고 믿음이 없는 것은 아니다.
	불가해함을 불가해함으로 인정하는 것은 믿음과 별개다.

나눔을 위한 질문

• 지식이 믿음은 아니지만, 지식이 신뢰의 선제 조건이 된다는 점을 받아들입니까?

• 예수님의 동정녀 탄생을 믿지 않는 사람이 당신에게 어떻게 그것을 믿게 되었냐고 묻는다면 어떻게 대답하겠습니까? 당신은 그 사건을 어떻게 지식을 넘어 믿음으로 받아들이게 되었는지 나눠 봅시다.

15

자꾸 들으면
믿음이
생기나요?

그러므로 믿음은 들음에서 나며
들음은 그리스도의 말씀으로
말미암았느니라
롬 10:17

대학에 다닐 때 *I Believe In Miracles*라는 책을 읽은 적이 있습니다. 1960년대에 미국에서 신유사역자로 유명했던 캐서린 콜먼(Kathryn Kulman)이라는 분이 쓴 책입니다.

캐서린 콜먼은 당시 미국 곳곳에서 신유집회를 하면서 수많은 사람의 병을 고쳤는데, 아쉽고 안타까운 일이 있었다고 합니다. 거의 모든 집회마다 와서 앞에 앉아 있는데 병이 낫지 않는 사람을 보는 것이었습니다. 자기를 통해 많은 사람이 병 고침을 받았지만 그 원인이 자기의 기도에 있는 것도 아니고, 기도를 받는 사람의 믿음에 있는 것도 아니며, 전적으로 성령이 하시는 일이기 때문에 '이렇게 하면 병이 낫는다'는 노하우를 말해 줄 수도 없었습니다. 게다가 '내가 그를 위해 더 열심히 기도해야겠다'고 다짐해서 될 일도 아니었습니다.

성령은 기도를 통해 역사하시지만 기도를 통해 병을 고치는 것은 사람이 아닌 성령이 하시는 일입니다. 그러니까 기도는 성령이 사용하시는 수단이지만 성령을 움직이시게 만드는 수단은 아닙니다. 성령이 역사의 주체이시지 기도가 역사의 주체가 될 수 없습니다. 우리가 기도하면 성령이 하셔야 하는 것이 아니라 성령이 기도를 통해서 원하시는 대로 일하신다는 뜻입니다.

결과적으로 말하자면, 성령의 원하심이 기도를 선행하기 때문에 기도를 해서 낫는 사람이 있고, 기도를 해도 낫지 않는 사람이 있습니다. 문제는 성령의 일하심에 어떤 공식이나 노하우가 있는 것이 아니라서 언제, 왜, 어떻게 역사하시는지 몰라서 답답하다는 것입니다. 그러다 보니까 자꾸 병 고침을 위해 기도한 사람을 의지하게 되지요. 사실 그는 하나님이 사용하시는(비록 자주 사용하신다 할지라도) 도구에 불과한데 말입니다.

사람을 절대화시키지 않으면 기도라는 방법을 절대화시키기도 합니다. 우리는 종종 기도로 하나님을 움직이거나 하나님의 마음을 움직인다고 말합니다. 하지만 논리적으로 그 말은 자칫 하나님을 불완전하신 분으로 만들 수 있어서 조심해야 합니다(우리의 기도로 하나님의 마음이 바뀐다면 어떻게 하나님을 전지하시며 선하신 분이라고 믿을 수 있을까요? 우리가 기도하지 않으면 깜박 잊어버리거나 잘 몰라서 우리를 어렵게 만드실 수도 있을 텐데 말이지요).

그렇게 되면 '하나님의 원하심과 주권적인 계획이 선행될 때 하늘 보좌를 움직이고 하나님의 마음을 움직인다'는 말도 은유적 표현으로 이해가 가능해질 겁니다. 더욱 위험한 경우는 그렇게 기도하는 사람에게 절대적인 권위를 부여하거나 전적으로 의탁하는 것이고, 주어진 기능을 절대화시키는 것입니다.

● 설교가 하나님의 말씀일까요?

마찬가지 현상을 설교에서도 봅니다. 우리는 '설교는 하나님의 말씀을 전하는 것'이라는 말을 종종 듣습니다. '설교를 통해서 하나님의 말씀을 전한다'는 것이 좀 더 정확한 표현이겠지요. 말하려는 의도를 생각하면 결국은 둘 다 같은 말이라고 볼 수도 있겠습니다. 하지만 만일 누군가가 설교자에게 절대적인 권위를 부여해서 설교라는 행위를 곧 하나님의 말씀을 선포하는 행위로 본다면 두 말의 차이는 더욱 부각되어야 할 것입니다.

중세교회도 성경을 하나님의 말씀으로 믿었습니다. 하지만 그 말씀을 다루고 연구하는 교회와 교회의 전통, 교회의 수장인 교황에게 성경의 해석과 적용의 절대적인 권위를 부여했을 때 종교개혁가들은 "오직 성경"을 외쳐야 했습니다. 설교가 곧 하나님의 말씀이라고 생각하면서 그 말씀 앞에서 진실함과 성실함이 아닌 설교자의 권위가 강조된다면 그때도 "오직 성경"을 다시 외쳐야 할 것입니다.

종종 설교자를 구약의 선지자에 빗대어 말하기도 합니다. 물론 그 의미는 상황에 의해 결정되어야겠지만, 설교자의 사역 방식은 구약의 선지자들이 했던 사역 방식과는 분명히 다릅니다. 구약의 선지자들은 하나님이 직접 들려주신 계시가 있어서 그 계시가 있을 때에만 들은 말씀, 받은 말씀을 외쳤습니다. 신약시대의 설교자들은 하나님께 직접적인 계시를 시시로 받지 않습니다. 그들은 유일한 완성된 계시로 받은 성경을 묵상하고 연구해서 하나님의 뜻을 찾아가고, 발견했다고 확신하는 바를 성도들에게 전하고, 성도들이 그것이 정말 그러한가 말씀에 비추어서 확인함으로 그 말씀에 순종하도록 하는 사람들입니다.

그러니까 설교자는 하나님의 말씀을 잘 깨달아서 하나님의 말씀을 하나님의 의도에 따라 전하는 참 선지자가 되기를 기도해야 합니다. 혹 설교를 통해서 하나님의 백성을 호도할 수 있음을 두려워해야 합니다. 그러니까 설교자가 드리는 기도 가운데 "하나님의 말씀을 담대하게 전하게 하소서"라는 기도는 자기가 준비한 설교를 담대하게 전하게 해 달라는 말이 아니라 그 설교를 통해 하나님의 말씀이 드러나도록 하는 데 자기의 생각이나 원함이 방해가 되지 않게 해 달라는 의미라야 합니다.

성경이 하나님의 말씀입니다. 복음이 하나님의 말씀입니다. 설교를 통해서 하나님의 말씀을 전하는 경우도 있지만 설교자의 말을 전할 수도 있습니다. 하나님의 원하심보다는 자기의 원함을, 하나님의 말씀을 전한다는 명목으로 절대화시키는 경우도 있습니다. 설교자의 설교를 잘 듣고 공감한다고 좋은 설교가 아니고 청중이 순종적인 것이 아닙니다. 유다가 바벨론에 망할 것이라고 설교한 예레미야 선지자보다는 하나님이 유다를 절대로 망하게 하시지 않고 평안할 것이라고 설교한 하나냐 선지자가 당시 백성에게는 더 인정받고 인기 있는 설교자였을 것입니다.

설교를 설교 되게 하는 것은 하나님의 의도와 원하심을 전했을 때뿐입니다. 그래서 설교자에게는 두려움이 있고 성령의 도우심을 구하지 않을 수 없는 것입니다. 청중은 설교를 하나님의 말씀으로 듣지 말고 설교를 통해 하나님의 말씀을 들어야 하는 겁니다. 설교의 내용이 곧 하나님의 말씀은 아닙니다.

● 자꾸 들으면 믿음이 생기나요?

바울은 "믿음은 들음에서 나며 들음은 그리스도의 말씀으로 말미암았느니라"라고 했습니다. 설교를 통해 자꾸 이 말씀을 듣다 보면 마치 설교를 들음으로 믿음이 생기는 것으로 이해하기 쉽습니다. 설교는 성령이 거듭나게 만드시는 수단이 될 수도 있으니까 그 말이 아주 틀렸다고 생각하지는 않습니다. 하지만 우선 바울은 자꾸 듣다 보면 믿음이 생긴다는 의미에서 이 말을 하지는 않았습니다. 이미 말씀드린 것처럼 듣는다는 것은 설교를 듣는 것이 아니라 하나님의 말씀, 좀 더 구체적으로는 예수 그리스도의 복음을 듣는 것을 의미합니다.

지식이 믿음의 요소이니까 자꾸 듣다 보면 지식이 생기고, 지식이 마음의 결정을 하도록 도울 수 있다는 것은 인정합니다. 그런데 지식이 지성을 깨운다고 의지가 움직이지는 않습니다.

저는 오래전에 어느 분과 아주 긴 신앙 토론을 한 적이 있습니다. 질문이 참 많은 분이었는데, 성경 공부 모임 때마다 질문을 쏟아 냈습니다. 한번은 4시간 동안 토론을 했습니다. 저는 나름대로 그분이 오해하고 있는 것들에 대한 답변을 잘했다고 생각했습니다. 동의하기는 어렵지만 설명은 가능하다는 점은 인정하는 듯했습니다. 그분이 제게 했던 마지막 말이, "목사님, 이제 충분히 이해가 됩니다. 그런데 아직도 믿어지지는 않습니다. 못 믿겠습니다"였습니다.

들음이 도움이 되는 경우가 있지만 많이 들음이 믿음을 보장하지는 않습니다. 들으면 들을수록 마음이 더 굳어지거나 굳은 마음이 더 노골화되는 사람들도 있습니다. 예수님 당시에 바리새인들도 그런 사람들이었겠지요. 그들은 주님의 말씀을 들을수록 주님을 잡아야 할 명분을 더욱 분명히 할 수 있었을 뿐입니다.

여기서 들음이란 단순히 설교를 듣는 것을 의미하지 않지만, 들으면 믿음이 생긴다는 것을 뜻하지도 않습니다. 마치 기도가 병 고침을 위한 기도가 아닌 것처럼, 설교는 성령이 회심하도록 사용하시는 수단이지만 성령으로 하여금 회심시키셔야 하도록 만드는 수단은 아닙니다.

복음을 듣지만 반응하는 사람들이 있고 반응하지 않는 사람들이 있기 때문에, 신학적으로는 모든 사람을 향한 복음으로의 초청을 '일반 소명'이라고 부릅니다. 그리고 구원에 이르도록 택하신 자들을 부르시는 것을 '유효적 소명'이라고 합니다. 그러니까 택하심을 받은 사람들만 복음의 초청에 순종적으로 응하게 된다는 것이지요. 결과적 현상을 볼 때 하나님의 주권적 섭리가 아니면 사람들이 똑같은 복음을 듣고 다른 반응을 보이는 현상을 설명하기가 어렵다는 말이기도 합니다. 즉 말씀을 통해 믿음이 생기지만, 말씀을 듣는다고 믿음이 생기는 것은 아닙니다.

● "믿음은 들음에서 난다"

"믿음은 들음에서 난다"라는 말씀의 문맥을 살펴보겠습니다. 바울은 로마서 10장에서 하나님은 이미 이스라엘 백성에게도 그리스도의 복음을 전하셨다고 말했습니다. 그렇기 때문에 유대인이든 이방인이든 예수 그리스도를 주로 시인하고 마음에 믿으면 구원을 받을 것이라고 했습니다.

이에 대해 유대인들에게 의문이 있었던 것 같습니다. 자기들에게는 복음이 들려진 적이 없는데 하나님이 이방인들에게로 눈을 돌리신 것은 억울한 일이라고 했습니다 (그러니까 이방인을 하나님의 백성이라고 부르고 그들을 하나님 나라로 청하는 것은 맞지 않다는 말을 하고 싶었을 겁니다). 그들에게 바울은 대답하기를, 이스라엘 백성이 복음을 듣지 못한 것이 아니라 그들이 마음을 굳게 해서 그 복음을 영접하지 않은 것이라고 했습니다(그러니까 이방인들에게 복음을 전하고 그들을 하나님 나라로 청하는 것은 합당하다는 말을 하고 싶었습니다).

복음이 전파되었기에 유대인들 중에서도, 이방인들 중에서도 믿는 사람들이 생긴 것이지 않습니까? 따라서 복음을 들은 적이 없다는 것은 그들의 핑계일 뿐입니다. 이런 문맥에서 바울이 "믿음은 들음에서 나며 들음은 그리스도의 말씀으로 말미암았느니라"라고 말한 것입니다. 즉 예수 그리스도의 복음이 틀림없이 전파되었으므로 들은 사람들이 주를 그리스도라고 부르게 되었다는 것입니다. 또한 그렇기 때문에 지금이라도 그리스도의 복음을 들을 때 마음을 굳게 하지 말고 그분을 믿고 고백하라는 권면이라고 볼 수 있습니다.

약간의 비약이 있는 듯 보일 수 있지만, 이 말씀을 가지고 복음 전파의 필요성을 말하고, 우리가 끝까지 복음을 잘 전해야 한다는 점을 강조한다면 그럴 수 있겠다고 생각합니다. 우리는 아무도 못 들었다 말하지 않도록 성실하게 복음을 전하고 그리스도의 구원의 은혜를 드러내야 합니다.

그런데 이 본문을 '자꾸 설교를 듣다 보면 나중에는 믿음이 생긴다'는 의미로 이해한다면 과녁을 빗겨 간 것 같아서 아쉽습니다. 특히 당장 믿음의 결단을 내려야 할 사람의 유보 상태를 심각하게 여기지 않고 '교회에 다니다 보면 믿음이 생길 거야'라는 조금은 안일해 보이는 태도를 취할 때 그렇습니다. 물론 다른 어떤 답도 없어서 그럴 수 있다 생각되기도 합니다.

하지만 조금 더 두려운 것은, 들음을 통해 교회생활에 조금씩 익숙해지고 크게 불편함 없이 교회를 다니다가 직분을 가지고 교회 일에 동참하게 되면서 교회 일을 잘하고 교인들과 사이좋게 지내는 노하우를 설교를 통해서 들음으로 얻어진 믿음이라고 생각하는 경우입니다. 설교를 듣는 것을 그리스도의 말씀, 즉 그리스도의 복음을 듣는 것으로 오해함입니다.

● 복음을 들어 보셨습니까?

믿음은 들음에서 납니다. 그러니까 들어야 합니다. 그리고 입으로 시인하고 마음으로 믿어야 합니다. 복음을 말입니다. 여러분은 복음을 들으셨습니까? 교회생활을 오래 하면서 복음을 들어 보신 적이 있습니까? 여러분은 그 복음에 진지하게 반응해서 예수 그리스도가 여러분의 주인이 되셨습니까?

'믿음은 들음에서 난다'는 말이 단순히 설교를 통해서 편해지는 종교생활을 의미하는 표현으로 이해되지 않았으면 좋겠습니다. 안 믿던 사람들도 설교를 자꾸 듣다 보면 저절로 믿음이 생기게 되어 있으니까 일단 교회만 나오면 내버려 둬도 된다는 말로 이해되지 않았으면 합니다. 또한 믿음은 들음에서 난다고 했으니까 내가 전하기만 하면 들은 사람은 틀림없이 믿을 것이라고도 생각하지 않았으면 좋겠습니다.

그렇게 생각하면 전도도 설교도 참 낙심이 되는 사역입니다. 아무리 해도 안 되니까요. 하지만 우리의 사명이 전하는 것이고, 거듭나는 것은 우리가 전한 행위를 통해 성령이 주권적으로 하시는 일이라면요? 그러므로 '믿음은 들음에서 난다'는 말은 결과에 대한 확신이 아닌 사명에 대한 확신을 주는 말씀입니다.

설교를 통해서도, 개인 전도를 통해서도 그리스도의 복음이 전파되면 좋겠습니다. 그리고 사명을 확신해 꾸준히 복음을 전하지만 결과 때문에 낙심하지 않으면 좋겠습니다. 바울이 하고자 한 말은 결국 이방인이든 유대인이든 종이든 자유인이든 예수 그리스도를 믿음으로만 구원에 이를 수 있다는 것입니다. 그리고 이는 이미 구약에서부터 전해진 하나님의 말씀이고, 또한 바울이 전하고 있는 하나님의 말씀, 곧 복음입니다.

Check Point

믿음은 들음에서 난다	믿음은 설교가 아니라 복음, 하나님의 말씀을 들을 때 생긴다.
	설교, 개인 전도, 복음 전파를 하지만 상대방이 반드시 믿음이 생기는 것은 아니다. 거듭나는 것은 오직 성령의 역사하심이다.
	복음을 아무리 많이 들어도 구원은 '그리스도를 믿어야' 가능하다.

- 하나님의 말씀을 들어야 믿음이 생긴다고 했는데, 믿음과 말씀의 상호작용에 대한 당신의 경험이나 깨달음이 있다면 나눠 봅시다.
- 교회에서 복음에 대해 듣고 계십니까? 복음에 대해 들을 기회를 얻기 위한 좋은 방법을 공유해 봅시다.

16

믿음은
눈에 보이나요?

믿음은 바라는 것들의 실상이요
보이지 않는 것들의 증거니
히 11:1

오래전에 신유의 은사를 받았다고 해서 한국과 미국에서 유명했던 데니스 구델(Dennis Goodell)이라는 목사가 있었습니다. 한번은 그분이 제가 살던 볼티모어에 와서 집회를 한 적이 있습니다.

저는 참석하지 않았지만 그때 참석한 사람들의 증언으로는, 하나님이 그날 특정한 암을 고쳐 주기를 원하시는데 그 암을 가지고 있는 사람은 무대 위로 나오라고 했답니다. 여러 명이 나갔고, 그중에 한국인이 한 분 있었습니다. 하나님이 오늘 고쳐 주실 것을 믿느냐고 묻자 그렇다고 대답했습니다. 정말 믿는다면 지금 가지고 있는 약을 모두 버리고 앞으로도 약을 먹지 말라고 했습니다. 하나님이 이미 고쳐 주셨으니 그렇게 믿고 아무 치료도 받지 말라고 했습니다. 정말 약도 먹지 않고 치료도 받지 않았는지는 모르겠지만 그날 무대 위로 나갔던 그 한국 분은 얼마 지나지 않아서 죽었습니다.

약을 먹으면 믿음이 없는 것이니 하나님을 믿는 믿음으로 약을 끊으라고, 병은 하나님의 능력으로 고치는 것이지 약으로 고치는 것이 아니라는 말을 어떻게 생각하십니까? 말도 안 되는 이야기 아닌가요? 그런데 정말 말도 안 되는 이야기인가요?

이 이야기가 말도 안 되는 것이 현대 의학에 대한 신학적인 입장 때문이라고 한다면 저도 동의할 수 있습니다. 하나님이 병을 고치기 위해서 언제나 기적적인 방법을 사용하시는 것도 아니고, 신앙과 이성이 혹은 신앙과 현대 의학이 늘 대치되어야 하는 것은 아니니까요.

그런데 이 이야기가 말도 안 되는 것이 단순히 무모함 때문이라고 한다면 어떨까요? 약을 먹으며 기도하는 것은 가능하지만 기도하기 위해서 약을 끊어야 한다면 그 것은 상당한 희생이 요구되는 믿음입니다.

사람들에게는 무모함을 요구하는 믿음은 안전하지 않다고 생각하는 경향이 있습니다. 애석한 일입니다. 믿음의 내용이나 본질을 생각하면 믿음은 이 세상에 사는 동안에는 어쩔 수 없이 극단적입니다. 믿음은 언제나 무모합니다. 무모하지 않은 것은 믿음이 아닙니다. '오직 예수 그리스도를 믿음으로 구원에 이른다'는 말이 무모해 보이지 않고 간단하고 쉬워 보인다면 그렇게 믿어지게 하신 성령의 은혜이기도 하지만 믿음은 밑져야 본전인, 크게 손해 볼 것 없는 일이라는 상품화된 복음의 메시지 때문이기도 합니다.

"예수님만이 나의 주님이십니다"라는 고백과 "나의 모든 소유를 가난한 사람에게 나눠 주겠습니다"라는 고백은 같은 고백일까요, 다른 고백일까요? 하나님이 예수님을 주로 믿는 모든 사람에게 가진 소유를 팔라고 명하시는 것은 아니니까 둘은 같은 고백이 아닙니다. 하지만 나의 인생을 바라보는 시각이나 내 인생의 결단의 무게를 볼 때는 둘이 크게 다르지 않은 고백이어야 합니다.

믿음은 바라는 것들의 실상이고 보이지 않는 것들의 증거입니다

누가 믿음이 무엇이냐고 물을 때 "믿음은 바라는 것들의 실상이고 보이지 않는 것들의 증거입니다"라고 대답한다면(히 11:1), 여기에 사용된 용어들 때문에라도 너무 철학적이라고 생각할지 모르겠습니다. 무슨 말인지 감이 잘 오지도 않고, 무슨 말인지는 안다고 해도 삶과 쉽게 연결되지 않기 때문이지요. 그런데 히브리서 기자는 이 말을 상당히 진지하면서도 영광스러운 마음으로 했습니다.

우선, 이 말의 의미를 잠시 생각해 보고 싶습니다. 바울이 사용한 '실상'이라고 번역된 단어는 교회사에서 삼위일체 논쟁이 있을 때 논쟁의 대상이 되었던 단어인 휘포스타시스(ὑπόστασις)입니다. 삼위일체를 논할 때에는 '본질'이라는 말로 번역되기도 했지만 '확신'이라는 의미도 있어서 대부분의 영어 성경들은 '확신'이라고 번역했습니다(KJV 성경은 'substance', '본질' 혹은 '실체'라고 번역했습니다).

어느 쪽으로 번역하든지 본질적으로는 크게 다르지 않습니다. 믿음이란 미래와 현재에 있어서 막연하고 추상적인 것이 아니라 아주 구체적이고 실재의 것이라는 말입니다. 가령 "하나님은 전능하시다"라고 고백한다면 믿음이란 그 고백이 삶 속에서 가시화되도록 만드는 것이라는 의미입니다.

히브리서 기자가 우리가 소망하고 있는 예수 그리스도를 통해 하나님의 자녀가 되어 영원한 기업을 이어받을 자들임을 그리스도의 사역의 탁월함을 통해서 강조했다면 그 영광스러움은 단순히 지식이나 지식에 의한 인정으로 끝날 것이 아닙니다. 그 영광스러움은 우리의 삶 속에서 나타나야 하는 것입니다. 그런 의미에서 믿음은 우리가 소망하는 것에 대한 확신 혹은 실재이고, 보이지 않는 것들에 대한 증거가 됩니다.

우리가 무엇을 소망하며, 무엇을 믿고 살아가는지를 우리 스스로 확인하고 세상에 있는 사람들에게 알려 주는 것이 믿음입니다. 만일 우리가 바라는 것에 대한 인정이 교리적 믿음이라면 그 바라는 것을 확신하며 사는 삶이 또한 믿음입니다.

그러니까 레이몬드 브라운(Raymond Brown) 교수가 그의 히브리서 주석에서 말한 대로, 여기서 말하는 믿음은 칭의의 믿음과는 다른 믿음입니다. 저는 다른 믿음이라기보다 '믿음의 다른 면'이라고 불러도 될 것 같습니다. 인격적으로 그리스도와의 관계를 시작하도록 하는 것도 믿음이고, 그리스도와 동행하며 관계를 확인하는 것도 믿음입니다.

그래서 히브리서 기자는 11장 6절에서 "믿음이 없이는 하나님을 기쁘게 해 드릴 수 없습니다. 하나님께 나아가는 사람은, 하나님이 계시다는 것과, 하나님은 자기를 찾는 사람들에게 상을 주시는 분이시라는 것을 믿어야 합니다"(새번역성경)라고 했습니다. 이것은 단순히 하나님의 존재와 심판자이시라는 사실에 대한 교리적 고백을 의미하는 것이 아닙니다. 하나님이 계시다는 것과 하나님이 상 주시는 분이라는 사실만 인정해 고백하면 된다는 말이 아니라는 뜻이지요.

이 둘을 명시한 이유는 하나님을 믿는 믿음이 삶 속에서도 살아 있어야 하기 때문입니다. 하나님이 계셔서 상을 주시는 분이라고 믿는다면 어떻게 살아야 합니까?

믿음으로

히브리서에서 가장 많이 볼 수 있는 단어가 '믿음으로'입니다. 그런데 믿음의 선조들이 믿음으로 어떻게 살았는가를 보시기 바랍니다.

믿음으로 노아는 엄청난 조롱과 핍박에도 방주를 만들었고, 믿음으로 아브라함은 갈 바를 알지 못한 채 고향을 떠났고 외아들을 제물로 드렸습니다. 믿음으로 이삭과 야곱은 요셉에게 축복했고, 믿음으로 요셉은 이스라엘 자손의 출애굽을 말했습니다.

믿음으로 모세는 바로의 아들이라 칭함을 거절하고 도리어 하나님의 백성과 함께 고난받기를 더 좋아했습니다. 그런 고난을 히브리서 기자는 "그리스도를 위하여 받는 수모를 애굽의 모든 보화보다 더 큰 재물로 여겼으니 이는 상 주심을 바라봄이라"(히 11:26)라고 표현했습니다. 모세가 아직 그리스도를 몰랐을 때 그가 한 일이 곧 그리스도를 위한 일이었다는 의미입니다.

여기서 소개한 믿음이 보이는 믿음입니까, 아니면 보이지 않는 믿음입니까? 우리가 바라는 것들, 보이지 않는 것들을 보이고 보는 것이 아닌가요? 믿음의 선조들이 모두 무엇을 믿었는지 아십니까? 하나님의 약속을 믿었습니다. 이 약속은 결국 메시아의 약속이고, 하나님 나라에 대한 약속입니다. 그들이 바라고 소망하던 것의 실상과 증거는 예수 그리스도이십니다. 그래서 히브리서 11장 40절은 이렇게 말합니다. "이는 하나님이 우리를 위하여 더 좋은 것을 예비하셨은즉 우리가 아니면 그들로 온전함을 이루지 못하게 하려 하심이라."

구약의 모든 하나님의 사람이 고대하며 믿었던 실상과 증거는 바로 예수 그리스도이십니다. 그리스도는 모든 제사를 완성하셨고, 친히 대제사장이 되어 자신을 단번에 제물로 드리셨고, 임마누엘로서 온전한 성소가 되셨습니다. 그들이 오실 메시아를 기다리며 고난의 길이지만 담대히 걸어갔던 것처럼, 이제 우리도 그리스도를 바라보며 (히 12:2) 이 땅에서 담대히 살아 내야 하는 겁니다.

히브리서 11장에 나오는 사람들은 오실 메시아에 대한 하나님의 약속을 믿음으로 살았습니다. 그리고 이제 우리는 약속의 실상이요, 증거로 오신 그리스도 때문에 "이제는 내가 사는 것이 아니요 오직 내 안에 그리스도께서 사시는 것이라"(갈 2:20)라는 고백과 확신으로 믿음의 주요 또 온전하게 하시는 이인 예수님을 바라보며 사는 것입니다.

당시 개종을 했지만 환경이 여의치 않아서, 점점 무기력해져 가는 자신의 모습에 회의가 생겨서, 옛날 유대교에서 드리던 제사와 종교생활에 대한 향수 때문에 다시 옛날로 돌아가려고 배교를 생각하고 있는 사람들이 있었습니다.

히브리서 기자는 그들에게 유대인들의 제사는 눈에 보이기 때문에 더 실감 나고 유효하지만 그리스도인들의 제사는 가시적인 요소들이 없어서 실감 나지 않는다고 말했습니다. 그러면서 가장 확실하게 보이는, 그래서 모든 약속된 것의 실상이요, 증거이신 예수 그리스도를 소개했습니다. 메시아를 기다리던 믿음의 선조들처럼 우리도 이미 오셨고 다시 오실 그리스도를 바라보며 믿음으로 살자고 말한 겁니다.

히브리서 10장 39절에는(11장을 시작하기 직전에) 이렇게 기록되어 있습니다. "우리는 뒤로 물러가 멸망할 자가 아니요 오직 영혼을 구원함에 이르는 믿음을 가진 자니라."

여기서 말하는 믿음은 분명히 삶에서의 보임입니다.

우리 안에 그리스도가 계시다면 삶 속에서 그분을 붙들고 그분과 동행하며 기꺼이 고난도 감당할 수 있는 것이 믿음입니다. 그러니까 히브리서 기자가 그의 독자들에게 믿음을 말했다면, 이 믿음은 그리스도와 동행하는 삶의 현장입니다. 구약의 백성이 약속을 믿고 고난의 길을 간 것처럼, 신약의 백성은 실현된 약속을 붙들고 열악한 환경을 뛰어넘어야 하는 겁니다. 그것을 가능하게 하는 것이 믿음이고, 그렇게 살아 내는 것이 바라는 것들의 실상이 되고 보지 못하는 것들의 증거가 됩니다.

● 믿음으로 살아도 고난이 있습니다

히브리서 11장 중에서 특히 제 눈길을 끈 곳은 36절부터입니다. '믿음으로' 산 사람들을 소개하는데, 우리가 잘 아는 영웅적인 사람들과 사건들을 이야기합니다.

믿음으로 이스라엘 백성이 여리고를 돌았더니 성이 무너졌고, 믿음으로 라합은 죽음을 각오하고 정탐꾼을 영접했지만 오히려 여리고에서 유일하게 살아남은 사람이 되었습니다. 믿음으로 다니엘은 사자굴 속에서 사자들의 입을 막았고, 믿음으로 다니엘의 세 친구들은 용광로 속에 들어갔어도 불의 세력을 멸하고 살아나올 수 있었습니다. 믿음으로 어떤 사람은 칼날을 피했고, 어떤 사람은 전쟁에 나가서 적군들을 물리칠 수 있었습니다. 믿음은 이렇게 불가능한 일도 가능하게 만듭니다.

그런데 솔직히 이 모습은 우리 대부분의 일상의 모습과 다릅니다. 우리 앞에 놓인 상황이 믿음의 용사들이 처한 상황보다 더 열악하지는 않지만 우리는 그런 기적과 같은 일들을 경험하며 살지 못합니다.

그럴 때 사람들은 우리의 믿음이 그들의 믿음보다 부족하기 때문이라고 말합니다. 우리도 믿음으로 사자의 입도 막고 불의 세력도 멸할 수 있는데 믿음이 부족해서 그 믿음의 역사들을 경험하지 못한다고 말이지요. 그런 사람들, 그런 경우라면 믿음은 보이는 것이라고 말해도 어렵지 않게 동의할 수 있습니다.

그래서 36-38절이 제 눈에 더 들어왔는지 모르겠습니다. 믿음으로 "어떤 이들은 조롱과 채찍질뿐 아니라 결박과 옥에 갇히는 시련도 받았으며 돌로 치는 것과 톱으로 켜는 것과 시험과 칼로 죽임을 당하고 양과 염소의 가죽을 입고 유리하여 궁핍과 환난과 학대를 받았으니 (이런 사람은 세상이 감당하지 못하느니라) 그들이 광야와 산과 동굴과 토굴에 유리"했습니다.

믿음은 세상에서 승리하는 비결이 아닙니다. 믿음은 세상을 이기는 비결이 아닙니다. 믿음은 세상이 감당하지 못하는 사람이 되도록 하는 것입니다. 고난 중에 있는 사람들을 열거하면서 히브리서 기자는 "이런 사람은 세상이 감당하지 못하느니라"라고 말하지 않았습니까?

만일 '믿음으로'라고 하면서 세상에서 승리한 사람들, 환난을 극복하고 성공의 자리에 올라간 사람들만을 언급했다면 우리가 믿음이 부족해서 고난 중에 있다는 말을 인정할 수도 있겠습니다. 그런데 믿음으로 산 사람들 중에는 극심한 환난 가운데 죽임을 당한 사람도 있고, 긴 시간을 아픔과 고난 가운데 살아야 했던 사람들도 있습니다. 그들도 모두 믿음으로 산 사람들입니다.

그러니까 믿음이 없어서 고난을 당하는 것이 아닙니다. 믿음이 없어서 눈앞에 파도가 일 때마다 두려운 것이 아닙니다. 믿음을 지키며 세상을 살아 내려니까 고난당하고 두려운 겁니다. 믿음은 고난을 극복하는 방법이 아니라 고난 중에도 우리를 위해 부끄러움을 당하신 예수 그리스도를 바라보게 하는 것입니다. 그래서 믿음은 바라는 것들의 실상이고 보지 못하는 것들의 증거이신 예수 그리스도를 어떤 상황에서도 바라보는 것입니다.

특히 고난 중에 있는 사람들을 위로하기 위해서 히브리서 기자는 12장 3절에서 이렇게 말하지요. "너희가 피곤하여 낙심하지 않기 위하여 죄인들이 이같이 자기에게 거역한 일을 참으신 이를 생각하라." 결국 어떤 상황에서도 그리스도를 바라보는 것이 믿음입니다. 그리스도를 통해 우리에게 주어진 생명이 온전히 완성될 날을 고대하며 믿음으로 살아 내는 것입니다.

히브리서 13장 13-15절 말씀도 소개하겠습니다. "그런즉 우리도 그의 치욕을 짊어지고 영문 밖으로 그에게 나아가자 우리가 여기에는 영구한 도성이 없으므로 장차 올 것을 찾나니 그러므로 우리는 예수로 말미암아 항상 찬송의 제사를 하나님께 드리자." 이것이 보이지 않는 것을 보는 것이고, 바라는 것의 실재입니다.

막연히 하나님이 잘되게 해 주실 것이라고 희망하는 것은 우리가 바라는 것의 실상이 아닙니다. 우리가 바라는 것의 실상은 어떤 상황에서도 변하시지 않고 우리와 함께하시는 하나님의 사랑의 확증이신 예수 그리스도이십니다. 우리는 이미 이 땅에 오신 그리스도를 말씀을 통해서, 그리고 성령의 감동으로 보았습니다. 바라는 것들의 실상을 소유했고, 보이지 않는 것들의 증거를 보았습니다. 그래서 그리스도와 연합해 지금 이 땅에서 그리스도와 함께 동행하고 있는 것입니다.

Check Point

믿음은 눈에 보인다는 의미	1. 믿음은 추상적인 것이 아니라 구체적이고 실재적인 것이다.
	2. 우리 안에 그리스도가 계시기에 그분과 동행하는 것이 삶의 현장으로 보여야 한다.
	3. 어떤 상황에서도 그리스도를 바라는 것이 믿음이라는 뜻이다.

• 믿음은 바라는 것들의 실상이라고 했는데, 당신이 바라는 것의 실상은 무엇입니까? 하나님이 잘되게 해 주실 것이라는 막연한 희망과는 어떻게 다릅니까?

• 어떤 상황에서도 그리스도를 바라보는 것이 믿음입니다. 믿음으로 살아 내기 위해 당신이 오늘 바라보는 그리스도는 어떤 분이십니까?

17

믿음으로
기도하면
병이 낫나요?

믿음의 기도는 병든 자를 구원하리니
주께서 그를 일으키시리라
혹시 죄를 범하였을지라도
사하심을 받으리라
약 5:15

혹시 몸이 아프면 병원이 생각나십니까, 아니면 교회가 생각나십니까? 허리가 아프고 열이 오를 때 의사가 생각나십니까, 아니면 목사가 생각나십니까? 목사도 목사 나름이라고 말씀하실지도 모르겠네요. 능력이 있어서 병을 잘 고치는 목사라면 누구보다 먼저 목사가 생각나겠지만, 저처럼 병도 고치지 못하고 의사를 찾아가 보라고 말하는 목사는 생각나지 않을 겁니다.

저는 왜 아픈 분들에게 "나에게 와서 기도를 받으십시오"라고 말하지 못하는지에 대해 심각하게 고민해 본 적이 있습니다. 제게 신유의 은사가 없어서일 수도 있고, 믿음이 부족해서일 수도 있습니다.

그런데 저는 목회를 하면서 한 번도 그런 능력을 달라거나 체험하게 해 달라고 기도한 적이 없습니다. 그것은 제가 가지고 있는 의사와 목사의 기능의 차이에 대한 신학적 입장 때문입니다. 하나님이 목사에게 주신 본질적인 사명은 의사에게 주신 본질적인 사명과 다릅니다.

물론 그러니까 하나님은 목사를 통해서는 병을 고치시지 않는다는 말이 아니라, 목사의 본질적인 사명은 단순히 병을 고치는 것이 아니라 하나님과의 관계를 확인하도록 하는 것이라는 말입니다. 병 고침을 통해서 나타날 수도 있고, 권면과 위로를 통해서 나타날 수도 있고, 아니면 하늘에 소망을 두고 인내하도록 함으로써 나타날 수도 있을 겁니다. 하지만 어떤 경우에도 성도들로 하여금 하나님을 의지하고 붙들도록 하는 것이 하나님이 목사인 제게 주신 역할이라고 저는 생각합니다.

좀 더 정확하게 말하자면, 이것은 단지 목사에게뿐만 아니라 교회에게 주신 사명입니다. 비록 죽음이 확정된 병상에조차 믿음의 식구들이 찾아가는 이유는 꼭 살아날 것이라는 거짓된 확신과 평안을 마지막 순간까지 주기 위해서이거나 '내 기도로 꼭 살리겠다'는 망상 때문이 아닙니다. 너무 절망적이고 견디기 힘든 순간이지만 우리의 믿음의 대상이신 그리스도를 붙드는 일에 교회가 함

께하겠다는 이유에서이지요. 그것이 교회의 본질적인 사
명 중 하나입니다.

● 기름을 바르며 기도하라

야고보서 5장 14절을 보면, "너희 중에 병든 자가 있느냐
그는 교회의 장로들을 청할 것이요 그들은 주의 이름으
로 기름을 바르며 그를 위하여 기도할지니라"라고 말합
니다. 어떤 사람들은 여기서 '기름'이 일종의 마술적인 힘
이 있는 신비한 물질이라서, 어떤 병이든지 바르기만 하
면 낫게 만드는 효험이 있다고 생각하기도 합니다.

　요즘도 목사나 장로가 안수하고 기도한 물은 성수(聖
水)가 되어 귀신도 쫓아내고 마시면 병도 낫는다고 믿는
사람들이 있는 것 같습니다마는, 성경 어디에도 그런 사
건은 없습니다. 예수님이 한 맹인에게 실로암 물가에 가
서 씻으면 낫는다고 하셔서 씻고 나은 적이 있고(요 9:7),
아람의 군대장관 나아만이 요단강에서 몸을 씻고 나병이
나은 적이 있지만(왕하 5:14) 그 경우도 물 자체가 효험이

있었던 것은 아닙니다. 다른 사람들이 그 물에 들어갔다가 병 고침을 받은 것은 아니기 때문입니다. 성경에는 그런 능력이 있는 기름이나 물이 나오지 않습니다.

또 어떤 사람들은 이 기름이 약을 상징한다고 말하기도 합니다. 사실 고대에 기름이 약으로 사용된 경우는 많습니다. 예수님의 비유 가운데도 선한 사마리아 사람이 강도 만난 사람의 상처 부위에 기름을 부어 치료해 준 이야기가 나옵니다(눅 10:34).

하지만 "기름을 바르며 기도하라"는 말씀이 약을 쓰며 기도하라는 의미라는 주장이 제게는 별로 설득력이 없어 보입니다. 그 이유는 우선, 그렇다면 굳이 기름을 바르는 일을 왜 장로들이 했을까가 이해되지 않고, 또한 기름이 외상에 약으로 사용되기는 했지만 모든 질병에 사용된 것은 아니었기 때문입니다. 기름이 약으로 사용된 적은 있지만 기름이 약에 대한 상징으로 쓰인 경우는 없습니다.

장로들이 기름을 바르며 기도한 것은 '약도 먹으면서 병 낫기를 위해 기도해야 한다'는 신학적인 입장을 암시한 것이 아니라고 저는 생각합니다. 오히려 기름은 성령의 능력에 대한 상징이라고 볼 수 있습니다. 즉 기름을 바르며 기도한다는 것은 장로의 능력이나 기도에 의존하는 것이 아니라 오직 성령께 의지하고 있는 것임을 기도를 하는 사람도, 기도를 받는 사람도 의식하도록 하기 위한 일종의 예식적 상징이라는 말입니다. 따라서 기름을 바르며 기도한다는 것은 기름에 병 고치는 능력이 있어서도 아니고, 약도 사용하면서 기도하는 행위도 아니고, 성령의 위로와 능력을 온전히 믿고 성령께 의지해 기도한다는 의미라고 저는 생각합니다.

성령의 능력은 병 고침을 통해서만 나타나지 않습니다. 성령의 능력은 우리로 하여금 하나님을 아버지라 부르고, 지극히 어려운 상황에서 신기할 정도로 힘이 되는 하나님의 위로와 확신을 통해서도 나타납니다. 그리고 마음의 평안을 통해서도 나타납니다.

따라서 장로들을 청해 장로들이 기름을 바르며 기도한다는 것은 어떤 상황에서도 전적으로 하나님을 의지하며 신뢰한다는 고백이고, 성령의 도우심으로 고난을 이기기도 하고 물리치기도 하겠다는 믿음의 고백입니다. 또한 이렇게 하나님을 바라보며 살아가는 사람들의 삶에 교회가 동참하겠다는 사명의 표현이기도 합니다. 다시 말하면, 장로들이 기름을 바르며 병자들을 위해 기도하는 것은 하나님이 어떤 상황에서도 믿는 자들과 함께하신다는 믿음의 고백이고, 그 고백에 공동체가 동참하겠다는 공동체적 사명입니다.

● 믿음으로 기도하면 병이 낫나요?

저는 바로 그 문맥에서 "믿음의 기도는 병든 자를 구원하리니"(약 5:15)라는 말씀을 보아야 한다고 생각합니다. 그러니까 병든 자를 구원한다는 말은 언제나 병을 고친다는 의미는 아닙니다. 사실 여기서 '구원하다'라고 번역된 단어가 '병이나 귀신으로부터 자유하게 하다'라는 의미로 사용된 적이 특히 복음서에 여러 번 나오니까(마 9:22; 막 5:23, 28; 눅 8:48; 행 4:9) 그렇게 이해할 수도 있겠습니다. 하지만 '자유하게 하다' 혹은 '온전하게 하다'라는 의미로 사용된 경우가 훨씬 더 많기 때문에(마 18:11, 24:3; 막 10:26; 눅 7:50, 13:23 등 KJV 성경) 이 단어의 의미를 문맥상 결정하는 것이 바람직합니다.

저는 야고보가 단순히 병이 낫는 방법을 알려 주고 있지 않다고 생각합니다. 오히려 교회 공동체의 사명을 강조하고 있다고 생각합니다. 그래서 야고보서 5장 12절에서는 어떻게 교인들이 말조심을 해야 하는지를 강조했고, 이어서 고난 중에 있을 때는 어떻게 해야 하는지를 말했고, 특히 그다음 절인 16절에서는 "너희 죄를 서로 고백하며 병이 낫기를 위하여 서로 기도하라 의인의 간구는 역사하는 힘이 큼이니라"라고 말했습니다.

죄를 서로 고백하며 병이 낫기를 위해 기도하는 것은 모든 병이 죄로 인한 것이라서 죄를 회개하고 병 고침을 위해 기도하면 된다는 의미가 아닙니다. 그보다는 교회의 특징인 서로 죄를 고백하고 죄인들을 용서해서 받아 주는 일과 고난 중에 있는 사람들의 고난에 동참해서 그들을 붙들어 주는 일을 잘 감당하라는 뜻입니다.

그렇다면 병든 자를 구원한다는 말은 병이 든 것은 하나님께 범죄함으로 구원을 상실해서 발생한 일이기에 죄를 고백하고 기도하면 다시 구원을 받을 수 있다는 말이 아니고, 병든 자들이 다 낫게 될 것이라는 의미도 아닙니다. 오히려 NASB 성경이 번역한 대로 '회복시킨다'라는 말이 광의적으로 설득력이 있습니다.

성경에서 '구원'이라는 단어가 사용될 때 그 단어의 의미는 언제나 죄와 사망으로부터의 구원을 가리키지도 않고, 언제나 병이 낫는 것을 보장하지도 않습니다. 특히 야고보서의 문맥상 '구원'이라는 말은 고난 중에서 교회를 통해 하나님과의 관계를 확인하거나 혹은 관계를 회복하는 것을 가리킵니다.

우리는 "고난을 당하면 기도하라"는 말씀을 이론적으로는 잘 알고 있습니다. 하나님이 고난을 피해 가게 하시든 극복하게 하시든 하나님의 선하심만 바라보며 살겠다는 믿음이 있습니다. 하지만 막상 고난을 당하면 마음이 평안해 기도만 나오는 것이 아니라 잘하던 기도도 못하고, 불안해지고, 의심도 생기고, 자신도 없어집니다. 태풍이 몰아치고 키를 넘는 파도가 눈앞에서 춤을 추는데 어찌 무섭고 불안하지 않겠습니까? 이럴 때 누군가가 옆에 서서 손을 꼭 붙잡아 준다면, "괜찮을 겁니다. 제가 함께 있겠습니다"라고 말해 준다면 얼마나 큰 힘과 위로가 될까요?

혼자의 힘으로 감당하기에는 고난과 질병의 문턱이 너무 높습니다. 누군가 끌어 주고 밀어 준다면, 기도로 도와준다면 넘을 수 있습니다. 그가 아내일 수 있습니다. 남편일 수 있습니다. 친구나 부모일 수 있습니다. 야고보 사도는 교회도 그중에 하나여야 한다고 선언한 겁니다.

● 믿음으로!

따라서 믿음의 기도란 단순히 병이 나을 수 있다는 확신으로 드리는 기도가 아닙니다. 그 믿음은 하나님에 대한 믿음이 아니라 엄밀히 말하면 나의 마음 상태에 대한 믿음일 뿐입니다. 이 믿음이 하나님은 내 기도를 반드시 들어주실 것이라는 믿음이라도, 그것은 하나님이 우리의 기도를 들으시고 우리를 놓지 않으신다는 뜻이지 내가 원하는 대로 해 주신다는 의미는 아닙니다. 따라서 야고보서가 말하는 믿음도 하나님에 대한 인격적인 신뢰이지 마음의 확신이 아닙니다.

하나님은 우리의 기도를 들으십니다. 우리의 기도를

통해 일하십니다. 물론 이 말은 우리가 기도하는 대로 하나님이 일하신다는 말이어서는 안 됩니다. 하나님은 우리의 기도를 통해 하나님의 원하심대로 일하십니다. 마치 하나님께는 아무런 계획이나 의도가 없고, 하나님은 단지 우리가 원하면 원하는 대로 해 주시는 분이라고 믿는 것은 좋은 믿음이 아닙니다. 하나님은 우리를 향한 치밀한 계획을 가지고 계시고 그 계획에 따라 눈동자처럼 우리를 보호하고 계십니다. 도저히 이해할 수 없는 상황에서도 하나님을 신뢰하고 하나님을 붙들고자 최선을 다하는 것이 믿음입니다.

하나님이 이처럼 우리를 사랑하시고 우리를 지키신다는 가장 확실한 증거는 예수 그리스도이십니다. 그래서 바울은 고백하기를, "자기 아들을 아끼지 아니하시고 우리 모든 사람을 위하여 내주신 이가 어찌 그 아들과 함께 모든 것을 우리에게 주시지 아니하겠느냐"(롬 8:32)라고 했습니다. 이 고백은 문맥상 아들을 주신 하나님이 우리가 원하는 것은 다 주실 것이라는 말이 아니라, 아들을 주신 하나님이 고난 중에 우리를 버리실 리가 있겠느냐는 뜻입니다.

우리는 그리스도 때문에 환난을 당해도, 죽임을 당해도 그 환난과 죽음이 우리를 하나님의 사랑에서 끊을 수 없음을 압니다. 이것이 믿음입니다. "믿음의 기도는 병든 자를 구원하리니"라는 말씀은 이 믿음을 가지고 기도하는 사람은 하나님이 그 고난을 통해서 무엇을 계획하셨든지 하나님을 신뢰할 수 있도록 만드신다는 의미입니다.

🌑 그런데 믿음과 기도가 함께 갑니다

그 사실을 믿는다면 기도가 필요할까요? 기도는 부족해서 하는 것 아닌가요(물론 감사와 경배의 기도, 고백의 기도도 있지만)? 믿게 해 달라는 기도일까요, 믿으니까 도와 달라는 기도일까요?

우리는 믿는데 여전히 불안하고, 두렵고, 자신이 없습니다. 분명히 믿는데도 환난과 고난 앞에서 흔들립니다. 그래서 기도합니다. 그 기도조차 제대로 할 수 없어서 공동체가 함께 기도합니다. "내가 믿나이다 나의 믿음 없는 것을 도와주소서"(막 9:24). 이것이 믿음의 기도입니다.

우리는 이 믿음의 기도로 고난 중에 있는 사람이 온전히 그리스도를 바라보며 의지할 수 있도록 함께해 줍니다. 그것이 또한 공동체의 기도이고, 공동체의 사명입니다.

우리 주변에는 아프고 힘든 사람들이 참 많습니다. 내가 기도한다고 병이 낫지는 않을 것이라는 생각에 기도를 포기할 수 없습니다. 나는 그렇게 기도할 자격이나 위치에 있는 사람이 아니라고 주저해도 안 됩니다.

우리는 그냥 함께하고 싶습니다. 그리고 고난 중에도 우리의 지체가 주님을 놓치지 않으면 좋겠고, 하나님이 고난 중에서 도와주시면 좋겠습니다. 우리도 고난 중에 있는 지체들과 함께 우리의 유일한 소망이시며 생명이신 우리 주 예수 그리스도를 붙들고 싶습니다.

그래서 아픈 사람을 찾아가고, 그들의 병이 낫기를 위해 기도합니다. 하나님의 뜻대로 하시라고 기도하기보다 병을 고쳐 달라고 기도합니다. 바로 그 기도가 아버지이신 하나님의 품을 파고들어가는 기도이기 때문입니다. 고난 중에 있는 사람들이 너무 안쓰러워서 함께하고 싶기 때문입니다.

병 고침을 통해서라도 우리가 궁극적으로 원하는 것

은 우리의 아버지 하나님이십니다. 그리고 고난 중에 있는 사람들과 할 수 있는 만큼 함께하며 아픔을 나누고 싶습니다.

Check Point

믿음의 기도와 병의 관계	1. 믿음의 주체는 "병 낫기를 원하는 나의 마음의 상태에 대한 믿음"이다.
	2. 믿음의 기도로 병든 자를 구원하리라는 말씀은 병이 낫는다는 것은 아니다.
	3. 병 고침을 위해 기도하되, 고난 중인 사람을 붙들어 주라는 뜻이다.

나눔을 위한 질문

• "믿음의 기도는 병든 자를 구원하리라"는 말씀은 믿음으로 기도하면 무조건 병에서 구원받는다는 것인가요?

• 아픈 사람의 병을 낫게는 할 수 없었지만, 그를 위해 계속 기도함으로 공동체가 회복된 일이 있나요?

18

믿음을
'은사'라고 부를 수
있을까요?

다른 사람에게는 같은 성령으로 믿음을,
어떤 사람에게는 한 성령으로
병 고치는 은사를
고전 12:9

교회에서 자주 사용하지만 그 의미가 애매하거나 혹은 잘못 사용되는 용어들이 있습니다. 그중에 하나가 '은사'가 아닐까 생각합니다. 원래 은사의 의미는 '선물'이라고 볼 수 있지만, 성경에서는 아주 특별한 의미에서 이 용어를 사용합니다.

일반적으로는 은사를 '무엇을 할 수 있는 능력'이라고 생각합니다. 그러다 보니까 기적적인 은사들처럼(방언, 예언, 신유 등) 그 현상을 분명히 볼 수 있는 경우는 은사를 받았다는 말을 어렵지 않게 할 수 있는데, 비기적적인 은사들처럼(가르침, 다스림, 섬김 등) 그 현상이 분명하지 않은 경우에는 은사를 받았는지 확인하기가 어렵습니다. 여러분은 어떤 은사를 받으셨습니까?

● 은사에 대한 오해들

저는 은사가 무엇인지에 관해 오해가 있다고 생각합니다. 우선, 은사를 무엇을 할 수 있는 능력이라고 생각하는 오해가 있습니다. 사람들은 종종 은사 계발 혹은 은사 발견 프로그램에 관해 이야기를 합니다. 어쩌면 그것은 은사를 하나님이 주신 영구적인 능력이라고 생각하기 때문일 겁니다. 하지만 은사는 단순한 능력이 아닙니다.

예를 들어 보겠습니다. 노래를 잘해 아주 유명한 성악가가 있다고 가정해 보지요. 그런데 그는 교회에서는 찬양을 하지 않습니다. 목소리를 아끼기 위해서라고 해 두지요. 그러면 사람들이 말합니다. "저분은 참 좋은 은사를 받았는데, 교회를 섬겨 주면 좋겠네요." 은사를 능력으로 생각한 경우입니다. "저분은 참 좋은 재능이 있는데 저 재능이 은사가 되면 좋겠네요"라고 말하는 것이 정확한 표현이라고 저는 생각합니다. 성경에서는 교회와 하나님 나라의 유익을 위해 주어진 것으로 쓰임을 받을 때 은사라는 말을 사용하기 때문입니다.

따라서 모든 은사에는 사역이 있습니다. 제게 가르치

는 은사가 있다는 말은 잘 가르친다는 뜻이 아니라 가르치는 사역이 주어졌다는 의미입니다. 물론 유익하게 쓰임을 받고 열매를 맺기 위한 능력이 요구되기는 하지만 능력이 많아서 더 큰 은사가 되는 것은 아닙니다.

따라서 은사는 영구적이지 않습니다. 하나님이 한 교회에서는 교사로 사역하도록 하시지만, 또 다른 곳에서는 찬양팀을 통해 섬기도록 하실 수 있습니다. 교회의 필요에 따라 주어지는 사역이 달라질 수 있습니다. 그런 의미에서 은사는 영구적이지 않습니다.

언제나 자기가 원하고 잘하는 일을 하면 좋겠지만 그렇지 못한 경우도 있습니다. 크게 내키지 않는 마음으로 한 사역을 시작했는데, 의외로 그 섬김이 교회의 덕을 세운다면 저는 그것도 '은사의 발견'이라고 부를 수 있다고 생각합니다. '내가 무엇을 할까?'를 생각하는 것보다 '주어진 상황에서 내가 무엇을 통해 주님의 몸 된 교회를 섬길 수 있을까?'를 찾는 것이 은사를 발견하는 방법입니다. 그러니까 은사의 발견이란 본유의 내적 능력을 발견하는 것이 아니라 자신을 통해 하나님이 영광을 받으시고 교회에 유익이 되는 일을 발견하는 것입니다.

영어로 은사를 단순히 'ability'(능력)라고 하지 않고 'ability(능력) + availablity(효용성)'라고 말하는 이유도 아마 여기에 있을 것입니다. 많은 경우에 하나님이 교회의 지체들에게 주신 능력을 통해서 교회를 세우시겠지만 그렇지 않은 경우도 얼마든지 있습니다. 따라서 능력이 많은 사람이 언제나 더 쓰임을 받는 것은 아닙니다.

은사의 또 다른 특징이 있다면, 교회의 유익을 위해서 성령이 그 뜻대로 나누어 주신다는 것입니다(고전 12:7, 11). 모든 신자가 동일한 은사를 받지 않습니다. 사람의 원함이나 공적에 따라서 성령이 은사를 분배하시는 것도 아닙니다. 어떤 사람에게는 지혜의 말씀을 주시고, 어떤 사람에게는 같은 성령을 따라 가르치는 은사를 주시고, 또 어떤 사람에게는 병 고치는 은사를 주십니다. 공통점은 그 은사를 주시는 분이 성령이시고, 은사를 분배하는 기준은 성령의 원하심이라는 것입니다.

물론 바울이 고린도전서에서 은사는 성령의 원하심을 따라 주어진다고 말한 이유는 아무도 자기가 받은 은사로 자랑하지 못하도록 함이고, 받은 은사가 다양해서 생길 수 있는 교회의 분열을 막기 위해서였습니다. 은사가 단순히 능력이라고 생각하거나 자신의 공적에 의해서 주어진 것이라고 생각하면 본유적으로 더 귀한 은사가 있게 되고 은사로 인한 분쟁이 가능해집니다.

● 믿음이 은사인가요?

믿음이 선물임을 인정하는 것은 어렵지 않습니다. 하지만 단순히 하나님이 주신 것이라는 의미가 아니라 사역을 위해서 주신 임시적인 여건과 재능이라고 본다면, 믿음을 은사라고 부르기는 어려울 것입니다. 믿음은 사역을 위한 것이 아니라 구원을 위한 것이고, 믿음은 임시적인 것이 아니라 영구적인 것이기 때문에 그렇습니다. 그런데 바울은 믿음을 은사로 말했습니다(고전 12:9).

고린도전서의 문맥을 보면, 교회의 모든 신자는 한 성령으로 말미암아 이미 그리스도의 몸의 지체들이 되었습니다. 바울은 모든 고린도 성도들이 한 성령을 마셔 그리스도 안에 있게 되었다고 말했습니다. 그런데 그 성령이 은사를 나눠 주실 때는 각자에게 다른 것을 주십니다. 지혜를 주시기도 하고, 지식이나 기적적인 은사를 주시기도 합니다.

우리를 조금 혼란스럽게 만드는 부분은 바울이 그 다양한 은사들을 열거하는 중에 믿음을 언급하고 있다는 사실입니다. 믿음이 은사입니까? 다시 말하면, 믿음이 그리스도인들 중에 특별히 어떤 사람에게만 주어지는 은사인가 하는 것입니다. 로마서나 에베소서에서 바울이 말한 믿음은 하나님의 선물이 맞지만, 고린도전서에서 말하는 의미의 은사는 아닙니다. 그렇다면 바울은 어떤 의미에서 믿음을 은사라고 말한 것일까요?

사실 믿음을 은사라고 부른 사례도 없고, 문맥에서도 밝히지 않기 때문에 바울이 여기서 어떤 믿음을 은사라고 불렀는지를 규정하는 일은 대단히 난해합니다. 그래서 여러 다양한 의견들이 있습니다. 분명한 것은, 이 믿음이 구원에 이르는 믿음이나 삶에서 보여야 하는 믿음의 행위를 가리키지는 않는다는 것입니다. 그것은 특정한 사람들에게 주어진 사역이 아니라 모든 그리스도인에게 주어진 혜택이고 책임이기 때문이지요.

그렇다면 은사로서의 믿음이란 무엇일까요? 다양한

의견들을 정리하자면, 크게 두 가지를 생각해 볼 수 있습니다.

하나는 이 믿음을 그다음에 나오는 병 고치는 은사나 능력 행하는 은사와 연결해서 기적적인 일들이 일어나도록 만드는 믿음이라고 보는 겁니다. 어떤 상황에 처하면 기적이 일어날 것이라는, 남들과는 달리 특별한 확신을 가지는 경우가 있지 않습니까? 이처럼 바울이 기적이 가능하다는 남다른 확신으로 기적을 기대하게 만들고 그 가능성에 확신을 가지도록 하는 것을 은사라고 보았다고 생각하는 사람들이 있습니다(예를 들면, 데이비드 가랜드[David Garland], 웨인 그루뎀[Wayne Grudem]).

또 하나는 환난과 고난을 견디는 남다른 능력을 믿음이라고 보는 경우입니다(예를 들면, 해롤드 마레[Harold Mare]). 힘든 일을 유난히 잘 참고 엄청 난감한 상황인데도 잘될 것이라는 긍정적인 생각으로 헤쳐 나가는 사람들이 있습니다. 이런 사람들이 믿음의 은사를 받았다고 보는 겁니다. 단순히 모든 부분에서 낙천적이고 확신이 강한 사람들을 가리키는 것이 아니라 사역의 상황이라는 문맥에서 말입니다.

저는 솔직히 무엇이 믿음의 은사일지 잘 모르겠습니다. 하지만 그런 마음의 상태가 교회에 크게 유익을 주는 경우가 많아서 그것을 은사라고 부른다면 충분히 가능하다고 생각합니다.

은사로서의 믿음의 특징

두 가지는 분명합니다. 우선, 은사로서의 이 믿음이 구원에 이르는 믿음을 의미하지는 않습니다. 구원에 이르는 믿음은 하나님이 모든 믿는 자에게 주시는 것이지, 특정한 신자들에게만 주시는 것이 아니기 때문입니다.

그러니까 교회에서 어떤 사람에게 "저분은 믿음이 좋아요"라든지 "저분은 믿음이 있어요"라고 말한다면, 아마도 많은 경우에 은사로서의 믿음을 말할 겁니다. 그러니까 그것을 인정하는 데는 아무 문제가 없습니다. 믿음을 한 가지 경우로만 이해한다면 누가 믿음이 있다는 말을 들을 때 성도들 중에 특정한 사람이 믿음이 유난히 탁월하다는 의미로 들려서 마음이 상할 수도 있고 혹은 교만

해질 수도 있겠지요.

그러나 은사의 경우는 성령이 모든 사람에게 나눠 주시는 것이 아니기 때문에 내게는 없는 은사가 어떤 사람에게 있다고 해서 문제 될 것은 없습니다. 개인적으로 저는 목회의 현장에서 믿음의 은사가 없었습니다(믿음이라는 은사에 대한 두 가지 해석의 경우 모두). 그렇지만 제게 믿음의 은사가 없어서 목회를 하는 데 어려움이 있었거나 크게 지장이 되었던 것은 아닙니다. 믿음의 은사를 가진 다른 교인들은 있었으니까요.

또한 이 믿음을 은사라고 말한다면 이 은사는 신앙의 성숙과 언제나 비례하지는 않습니다. 그러니까 어려울 때 유난히 확신에 차서 긍정적으로 생각하는 것이 언제나 하나님을 더욱 신뢰해서 발생하는 일은 아니라는 뜻이지요. 모든 은사가 신앙의 성숙과 비례하지는 않습니다. 그것은 바울이 말하려는 의도에서 벗어납니다. 바울은 방언을 하는 사람은 믿음이 좋아서가 아니라 성령의 뜻대로 섬기라고 주신 것임을 강조했습니다. 가르치는 사람으로 사명을 받고 사역이 주어졌다고 해서 영적으로 더 성숙한 것은 아닙니다.

그런데 우리는 은사가 믿음의 성숙과 비례한다고 생각하는 경향이 있습니다. 그래서 방언의 은사를 받은 사람이 성숙한 모습을 보이지 않으면 "방언 은사를 받았다는 사람이 왜 저렇게 어리게 행동해"라고 말하기도 하지요. 신유의 은사를 받은 사람들이 다른 사람들에 대한 배려가 없고 재물을 사용하는 방식에 있어서 너무 미숙해서 자꾸 남들에게 상처를 줄 수도 있습니다. 혹은 가르치는 은사가 없어서 성경을 잘못 해석하거나 잘못 전달하는 경우도 있지요.

한편 은사를 성숙함이라든지 하나님과의 친밀함이라고 생각하면 보이는 현상 때문에 신유의 은사를 받은 사람의 성경 해석이나 가르침이 더 권위가 있다고 생각되기도 합니다.

저는 제게 가르치는 은사가 있어서(그래서 허락하신 사역이 있어서) 오랫동안 성경을 가르치고 설교를 했지만 교회 안에서는 오랜 시간 하나님을 신뢰하며 사신 어르신들보다 더 성숙하다고 생각할 수 없었습니다. 그분들은 정말 헌신되고 정말 진실한 분들로, 주님을 사랑하는 마음이 느껴졌기 때문입니다.

● 은사의 활용

하나님을 신뢰하는 경험을 통해 영적인 성숙을 가능하게 하는 살아 있는 믿음은 고린도전서에서 말하는 은사로서의 믿음과는 다릅니다. 은사로서의 믿음은 교회의 유익을 위해서 성령이 특정한 사람들에게 주신 행동할 수 있는 능력이나 마음의 상태를 의미하는 것 같습니다.

구체적으로 무엇을 가리키는지는 잘 모르겠지만, 기적을 가능하게 하는 것이나 어려움 중에서도 남들과는 달리 밝은 쪽을 유난히 빨리 그리고 잘 볼 수 있는 능력을 가리킨다고 한다면 그럴 수 있겠다고 동의는 됩니다. 그래서 안될 것 같은 일도 되게 하는 사람들이 있으니까요.

바울이 그것을 은사라고 불렀다면 은사로서의 믿음을 잘 분별할 필요가 있고 잘 활용해야 합니다. 은사는 교회의 유익을 위해서 성령이 허락하신 참으로 소중한 것입니다. 그럼에도 은사에 대한 오해, 은사의 남용으로 인해서 교회들이 분쟁을 경험하고, 언급하면 안 되는 뜨거운 감자 취급을 받게 되었다는 것이 안타깝습니다. 바울은 직분과 은사, 사역과 은사를 구분하지 않고 있음을 로마서에서도,

고린도전서에서도, 에베소서에서도 볼 수 있습니다.

"여러분의 은사는 무엇입니까?" 이 질문이 "여러분이 남들보다 탁월하게 잘하는 것이 무엇입니까?"라는 말로 들리지 않기를 바랍니다. "여러분은 지금 주님의 몸 된 교회의 유익을 위해 무엇을 하고 계십니까?", "현재 여러분의 상황에서 여러분이 교회에 유익을 줄 수 있는 일이 무엇일까요?"를 묻는 질문으로 들리면 좋겠습니다. 우리는 지체로서 주님의 몸 된 교회를 유익하게 하기를 항상 원하기 때문입니다. 은사로서의 믿음이란 바로 이러한 섬김을 위해 성령이 어떤 지체들에게 주신 것입니다.

Check Point

은사의 특징	1. 사역이 따른다. 2. 영구적이지 않다. 3. 교회의 유익을 위해 성령이 나누어 주신다.
바울이 말한 '은사로서의 믿음'	1. 구원에 이르는 믿음과 다르다. 2. 기적을 일으키는 믿음과 고난 중 견디는 믿음을 뜻한다. 3. 신앙의 성숙과 상관이 없다.

- 은사로서의 믿음이 구원에 이르는 믿음은 아니라는 것을 받아들입니까?

- 은사란 '탁월하게 잘하는 능력'이 아니라 '교회에 유익을 줄 수 있는 일'이라는 점이 이해가 됩니까? 교회 안에서 은사로서의 믿음을 가져서 교회에 유익을 준 일이 있었다면 나눠 봅시다.

19

믿지 않는 자들과 멍에를 메는 것이 무엇인가요?

너희는 믿지 않는 자와
멍에를 함께 메지 말라
의와 불법이 어찌 함께하며
빛과 어둠이 어찌 사귀며
고후 6:14

제가 미국에서 고등학생들을 지도하던 전도사 때 한 학생이 불만 섞인 질문을 한 적이 있습니다. 참 열심이고 헌신적인 학생이었습니다. 이야기를 들어 보니, 자기 학교에 성적도 좋지 못하고, 가정환경도 어렵고, 행실도 바르지 않아서 소위 불량 학생으로 낙인찍힌 친구가 있었답니다. 그 친구가 안됐다는 생각이 들어서 친하게 대해 주고 집에도 데리고 와서 같이 놀았습니다.

그런데 장로님인 아버지가 자기 아들이 교회에 다니지도 않는 불량한 학생과 어울리는 모습을 보고는 그 친구를 만나는 것을 반대하고 집으로 데리고 오지도 못하도록 했습니다. 불량한 학생과 어울리면 탈선할 수 있다는 것이 아버지의 염려였습니다. 이런 아버지의 마음이 이해가 되십니까?

그 학생은 저에게 믿지 않는 친구가 어려운 일이 생기면 주일에 교회에 나오는 것보다 그 친구를 위해 아르바이트를 대신 해 주는 것이 그리스도인다운 모습이 아니냐고 물었습니다. 불량하다는 학생들의 친구가 되지도 못하게 하고 그들과 교제도 막으면서 하나님은 사랑이시라고 말하고 교회에 나오라고 전도하는 것은 명백한 모순이고 위선이 아니냐고 물었습니다. 이 학생의 이런 항변도 이해가 되십니까?

양쪽 다 나름대로의 이유와 일리가 있을 테니까 어느 쪽이 옳은가를 섣불리 판단하고 싶은 마음은 없습니다. 하지만 믿지 않는 사람들과 교제하지 않고 믿는 사람들과만 교제하는 것이 경건한 모습이고 믿음을 지키는 길이라는 생각을 대변하는 구절이라도 되는 듯이 "믿지 않는 자와 멍에를 함께 메지 말라"(고후 6:14)라는 말씀을 사용하는 것은 안타까운 일입니다.

또한 교회가 사람들에게 선한 영향력을 줄 수 있다는 사명으로 그리스도인들을 세상으로 보내는 것이 아니라 세상에서 악한 영향을 받을 수 있다고 그리스도인들을 세상에서 끌어내려고 한다면요? 만약 그렇다면 아미시

(Amish, 현대 기술 문명을 거부하고 소박한 농경생활을 하는 미국의 한 종교 집단)들이 가장 용기 있는 사람들일 것입니다. 하지만 믿는 사람들이 믿지 않는 사람들과 교제하다가 믿음을 저버리는 모습을 어렵지 않게 보는 것이 우리의 현실인 것도 틀림이 없습니다.

● 믿지 않는 사람들과 사귀면 안 되나요?

헌신된 자녀들이라고 할지라도 품행이 방정하지 못한 친구들을 만나면 부모들은 어떻게 합니까? 그 친구들이 자기 자녀 때문에 착해지겠다는 기대감을 가지기보다는 혹시라도 단정하던 자녀가 잘못된 길로 갈까 봐 걱정을 더 많이 합니다. 자녀를 설득하기 위해서 "너는 믿지만 세상은 믿을 수 없다"고 말하기도 하고, "악은 언제나 선보다 강하다"고 말하기도 합니다. 하지만 세상에 선한 영향력을 주어야 한다는 제자의 사명에서 볼 때에는 이런 대답들이 지나치게 소극적이라는 점을 부인하기가 어렵습니다.

믿는 자들은 이 세상에 살면서 믿지 않는 자들과 어떤

관계를 맺고 살아야 할까요? 예수님을 믿게 해야 할 전도의 대상으로만 보아야 할까요? 신앙생활에 유혹과 혼란을 주기 때문에 피해야 할 경계의 대상으로 바라보아야 할까요? 아니면 그냥 세상에서 함께 협력하며 살아야 할 상생의 대상으로 여겨야 할까요?

바울이 고린도후서에서 당시 교인들에게 했던 "믿지 않는 자와 멍에를 함께 메지 말라"라는 말씀은 오해의 소지가 많습니다. 사실 바울은 고린도후서를 쓰기 이전에도 비슷한 말을 한 적이 있었나 봅니다. 그때 고린도 성도들은 그 말을 오해했고, 바울은 고린도전서에서 이 부분에 대해 해명을 했습니다. "내가 너희에게 쓴 편지에 음행하는 자들을 사귀지 말라 하였거니와 이 말은 이 세상의 음행하는 자들이나 탐하는 자들이나 속여 빼앗는 자들이나 우상 숭배하는 자들을 도무지 사귀지 말라 하는 것이 아니니 만일 그리하려면 너희가 세상 밖으로 나가야 할 것이라"(고전 5:9-10).

그 당시 바울은 자기가 그렇게 말한 것은 믿지 않는 자들과 상종하지 말라는 뜻이 아니라 교회 안에 있는 악을 행하는 자들을 엄격하게 책망해서 권징하라는 의미였다고 해명했습니다.

하지만 문맥을 볼 때 고린도후서의 본문은 교회 안에 있는 범죄한 사람들과의 관계를 또 이야기하고 있다고 보이지 않습니다. 즉 교회 안에 있는 악한 자들과의 관계를 말하는 것이 아니라 교회 밖에 있는 사람들과의 관계를 말한 것이지요.

● 믿지 않는 사람과 결혼해도 되나요?

아마도 이 말씀이 가장 많이 적용되는 경우가 있다면 믿는 자와 믿지 않는 자의 결혼 문제에 대해서일 것입니다. 믿는 사람은 믿는 사람과 결혼해야 한다고 하면서 "믿지 않는 자와 멍에를 함께 메지 말라"고 말합니다. 하지만 그 다음에 나오는 비유가 너무 강력해서 아무리 믿는 사람들끼리 하는 이야기라도 마땅치가 않습니다. 교회에 다니지 않는 건실한 형제, 자매를 '어둠'이라 말하고, '불법', '벨리알'이라고 표현하니까요.

그리스도를 주로 고백하는 사람들끼리의 결혼은 당연

하고 적극 권장하는 일이지만, 요즘 저는 그리스도인들 간의 결혼이 율법적 명령이라고 볼 수는 없겠다는 생각이 더 강하게 듭니다. 단순히 믿는 형제들이 너무 적은 현실적인 이유 때문이 아니라 결혼 당시에는 믿지 않다가 결혼 후에 믿게 된 분들이 많고, 결혼 당시에는 믿었지만 결혼 후에 믿지 않게 된 분들도 의외로 많기 때문에 그렇습니다.

사람들의 자기중심성은 여기에서도 잘 나타납니다. 믿지 않는 자기 자녀는 잘 믿는 사람과 결혼했으면 싶고, 잘 믿는 자기 자녀는 믿지 않는 사람과 결혼하지 않으면 좋겠다고 생각합니다. 믿음생활이 철저하지 않은 자기 자녀가 헌신된 사람을 만나서 변하면 좋겠다고 생각할 만큼, 자기 자녀가 믿음생활을 제대로 하지 않는 것 빼고는 괜찮은 사람이라는 확신이 있기 때문입니다. 믿지 않는 자기 자녀가 벨리알이라든지 어둠이라고 생각하지는 않지요.

그러나 무엇보다 심각한 이유는 믿는다는 말을 단순히 세례를 받았는가, 교회에 다니는가 하는 피상적인 것으로 확인하게 되는데, 요즘은 명목상의 교인이 더 많아

보인다는 사실입니다. 단순히 세례를 받고 교회에 출석하고 있다는 이유만으로 믿는 사람이라고 생각하기에는 아쉬운 부분이 너무 많습니다. 따라서 세례를 받고 교회에 다니는가로 결혼이 합법화되거나 불법화되는 것은 아닐 것 같습니다. 물론 저는 믿는 사람이 믿지 않는 사람과 결혼하는 것에 대한 심각한 우려가 있습니다. 하지만 저의 우려는 율법적 의무 때문이 아니라 세계관 때문입니다.

● 성도들은 우상을 숭배하는 자리에 가면 안 되나요?

요즘은 그리 심각한 문제가 아닌 듯 보입니다마는, 성도들이 제사에 참여하면 안 되는 증명 자료로 "믿지 않는 자와 멍에를 함께 메지 말라"라는 말씀이 사용된 적도 있습니다.

고린도 교회에서도 이 문제가 제법 심각했습니다. 온 도시를 들썩거리게 하는 우상 숭배 축제가 열리면 우상을 섬기지는 않지만 그 축제에 참석해서 함께 즐기고, 먹고, 마시는 교인들이 있었습니다. 그리스도인들이 우상을 섬기는 자리에서 웃고 즐기는 것은 바람직한 모습이 아니었습니다.

요즘 같으면 할로윈 파티나 한국의 토속신앙적인 고유 명절 축제에 동참하면 안 된다는 의미로 적용할 수도 있습니다. 물론 당시도 그것은 우상을 섬기는 것이 아니라 그냥 민속적인 축제이고 전통적인 행사라고 말했어도, 그리스도의 향기와 빛을 드러내는 모습은 아니었습니다. 그렇기 때문에 바울은 고린도 성도들에게 우상을 숭배하는 자리에 가지 말라고 권한 적이 있습니다(고전 10장).

하지만 고린도후서 6장 말씀을 그렇게 이해하려면 앞서 언급된 이야기와 상관이 없는, 별도의 단원으로 보아야 합니다. 하지만 "믿지 않는 자와 멍에를 함께 메지 말라"는 말씀을 이방인들의 축제나 행사에 참석하지 말라는 의미로 보기에는 문맥상 너무 생뚱맞다는 생각이 듭니다. 바울이 이전에 추천서로 인한 논란에 관해 이야기하고, 복음을 위한 고난에 관해 말하다가 느닷없이 화제를 바꾼 것 같기 때문입니다.

이 말씀을 고린도전서 10장처럼 우상을 숭배하는 축

제에 참여하지 말라는 뜻으로 보는 것도 가능하지만 저는 직전 말씀인 고린도후서 5-6장의 문맥에서 보고 싶습니다.

● 이 말씀은 세계관의 이야기입니다

'그리스도인은 무엇을 믿고 무엇을 추구하는 사람들인가?' 하는 문제는 바울에게는 정말로 심각한 문제였습니다. 그것이 신앙의 본질이기 때문입니다. 저는 바울이 말하려는 의도를 이해하기 위해서는 바울이 궁극적으로 관심을 가지고 있는 '그리스도인의 정체성'에 관해 깊이 살펴봐야 한다고 생각합니다. 그렇지 않으면 이 문제는 사변적 종교 행위의 담론으로 빠질 수 있기 때문입니다.

이것은 믿음의 본질에 속한 문제입니다. 다시 말하면, 그리스도인들은 단순히 죽으면 천국에 가는 사람들이 아니라 바로 그 소망 때문에 이 땅에서 나그네로 사는 사람들이라는 것이 신앙의 본질입니다.

우리는 예수 그리스도의 죽으심과 부활을 통해 얻은

새 생명에 최고의 가치를 둔다는 믿음의 고백이 있는 사람들입니다. 따라서 이 세상에서 아무리 어렵고 힘들게 살아도 감사하고 기뻐할 수 있고, 세상에 있는 것들에 연연해서 탐욕을 부리지 않을 수 있습니다. 고린도후서 6장 전반부에서 "하나님의 은혜를 헛되이 받지 말라"(고후 6:1)는 말씀도 세속적인 가치관에 의해서 사람을 판단하지 말라는 의미입니다.

그러니까 나그네로 살아가는 그리스도인들은 세계관이 달라지고 가치관이 변한 사람들입니다. 그렇지만 우리 눈에 보이는 것들이 끊임없이 우리를 유혹하고 흔듭니다.

이렇게 흔들릴 때마다 우리에게 가장 큰 유혹으로 다가오는 것은 합리화입니다. 눈에 보이지 않는 것을 믿지만 눈에 보이는 것도 무시할 수 없다는 것이 처음에 가졌던 생각이라면, 시간이 지날수록 눈에 보이는 것들을 더 의지하게 됩니다. 그러면 이중적인 가치관을 가지게 되고 어쩔 수 없이 이원화되어 버리지요. 이 세상에 사는 동안에는 눈에 보이는 대로 살고, 죽을 때 예수 그리스도를 믿는 믿음으로 영생을 얻을 수 있으면 된다고 생각하는 겁니다.

'오직 믿음으로 구원을 받는다'는 말이 인간의 행위로는 구원에 이를 수 없다는, 전적인 하나님의 은혜를 강조하기 위함이라면, '오직 믿음'이라는 말이 자칫 이원화되거나 모순된 신앙생활의 합리화로 이용될 수 있는 것입니다. 그러면 그리스도인들은 더 이상 세상에서 구별된 모습으로 도전과 의문을 던지는 사람들이 되지 못하고 포도주에 물 탄 듯 미지근한 사람들이 됩니다. 그냥 교회에만 열심인 이상한 취미를 가진 사람들일 뿐이라는 뜻입니다.

● "하나님과 재물을 겸하여 섬기지 말라"는
   주님의 말씀과 일맥상통합니다

"믿지 않는 자와 멍에를 함께 메지 말라"는 말씀은 단순히 믿지 않는 자들과 교제하지 말라거나 결혼하지 말라는 뜻이 아닙니다. 그보다는 오히려 결혼을 할 때 세속적인 가치관을 가지고 배우자를 결정하지 말라는 말씀입니

다. 교회를 다니거나 세례를 받기만 했다면 돈 많고 장
래가 확실한 사람을 배우자로 택해도 된다는 말이 아니
라, 한 사람의 가치를 눈에 보이는 것으로 결정하지 말라
는 뜻입니다.

이 말씀은 단순히 예수님을 믿지 않는 사람들은 친구
로 사귀지 말라는 뜻이 아니라, 그들이 말하는 가치관이
믿는 자들의 가치관이 되어서는 안 된다는 의미이지요.
이것이 그리스도인들이 원수를 사랑하는 이유이고, 아무
런 유익이 없음에도 약자들의 편에서 그들과 함께할 수
있는 이유인 겁니다.

하나님을 인정하고 천국에 소망을 두고 산다고 말하
면서도 외모로 사람을 판단하고 소유와 신분에 의해서
인생의 성공을 말하는 것이 빛과 어둠이 사귀는 것이고,
그리스도와 벨리알이 조화되는 것이고, 하나님의 성전과
우상이 일치되는 것입니다. 우리는 "내가 그들 가운데 거
하며 두루 행하여 나는 그들의 하나님이 되고 그들은 나
의 백성이 되리라"(고후 6:16)라고 하신 하나님의 약속이 예
수 그리스도를 통해서 완성되었음을 믿는 사람들입니다.

알고 있습니다. "목사님, 아무리 그래도 돈이 필요합

니다. 목사님은 돈 없어도 괜찮습니까?"라고 물으면 무거운 산이 가로막고 있는 것처럼 답답하고 불안한 것이 우리 인생인 것을 압니다. 주님이 "하나님과 재물을 겸하여 섬기지 말라"고 말씀하신 것은 돈을 섬기면 하나님을 잃고, 하나님을 섬기면 돈을 잃는다는 의미는 아닙니다. 하지만 재물이 그만큼 강력해서 '재물도 하나님의 것'이라는 고백을 놓치면 안 된다는 것이 주님의 말씀이 의미하는 바입니다.

그렇다면 결국 그리스도인들에게 이 문제는 주권의 문제입니다. 믿음이란 주권의 문제입니다. 누가 주인입니까? 세상 사람들은 자신이 주인이라고 말합니다(돈이 주인이라고 말하는 사람은 없습니다. 돈은 자신을 주인으로 만들어 줄 수 있는 최고의 수단일 뿐이지요). "주는 그리스도시요 살아 계신 하나님의 아들이십니다"라고 고백하는 그리스도인들은 그리스도가 주인이시라고 말합니다.

"믿지 않는 자와 멍에를 함께 메지 말라"는 말씀은 믿지 않는 자처럼 자기가 주인인 양(즉 돈과 권세와 명예와 쾌락이 최고인 양) 살지 말라는 뜻입니다. 그것은 믿음의 본질에 위배되는 삶의 모습입니다.

Check Point

1. 멍에를 멘다. = 가치관을 같이 한다.

2. 믿지 않는 사람들과 관계할 때는 믿음의 본질을 잃지 않기 위해 노력해야 한다.

3. 세속적 가치관을 따르고 있는지 살펴야 한다.

나눔을 위한 질문

• 믿지 않는 사람들과는 어떻게 관계를 맺고 살아야 할까요?

• 멍에를 메는 것은 가치관의 문제라고 했습니다. 최근 가치 관에 대해 고민한 후 믿지 않는 자와 멍에를 함께 메지 않기 로 결정하면서 믿음의 주권을 지킨 일이 있습니까?

20

믿음 안에 있는지
시험해 보는 것은
의심이 아닌가요?

너희는 믿음 안에 있는가
너희 자신을 시험하고
너희 자신을 확증하라
예수 그리스도께서
너희 안에 계신 줄을
너희가 스스로 알지 못하느냐
그렇지 않으면 너희는 버림받은 자니라
고후 13:5

저는 제 아내가 "당신, 나 사랑해?"라고 물으면 어느 때는 질문이 싱겁다는 생각이 들고 어느 때는 찔립니다. 너무 당연한 것을 물으니까 싱겁고, 혹시 제가 뭘 잘못한 게 있나 싶어서 찔립니다. 아내는 그저 사랑을 확인하고 싶어서 물어본 것일지 모르지만, 다른 여자에게 마음이 가 있었다면 제게는 가슴이 내려앉는 질문이 될 것입니다.

그런데 사실 제 마음속에 들어와 본 적이 없는 아내로서는 제가 아내를 사랑하는지 아닌지 알 길이 없습니다. 그렇다고 믿는 이유는 제가 사랑한다고 고백했기 때문이지요. 사랑하지 않으면서 다른 목적을 가지고 사랑하는 척한다면 아내는 평생 저에게 속을 수도 있을 겁니다.

제가 예수님을 믿는 사람이라는 것을 사람들이 어떻게 알 수 있을까요? 목사이기 때문에? 품성이 좋아서?

(품성이 좋은 사람들 중에 예수님을 믿지 않는 사람들도 얼마든지 있습니다.) 그것은 제가 예수님을 믿는다고 고백했기 때문입니다. 사람들은 제가 그렇게 고백했기 때문에 제가 예수님을 믿는 사람인 줄 알고, 그 고백의 신빙성에 의심이 들만한 행동을 하지 않는 동안에는 저를 예수님을 믿는 사람으로 간주할 것입니다.

그런데 제가 정말 예수님을 믿는지는 하나님과 저밖에 아무도 모릅니다. 신학적으로는 이것을 '유형교인'과 '무형교인'이라는 말로 설명하지요. 유형교인은 사람이 보는 대로의 교인이고, 무형교인은 하나님이 보시는 대로의 교인입니다. 그러니까 유형교인은 교회가 그 사람의 고백에 의해서 확인한 교인이고, 무형교인은 하나님이 중심을 보셔서 확인된 교인입니다. 믿는다는 고백이 있지만 사실은 안 믿는 사람도 있을 것이라는 뜻입니다.

얼마 전에 어느 분과 대화를 나누는 중에 그분이 "요즘에는 예수님을 안 믿는 목사들이 많아요"라고 했습니다. 이때 "예수님을 안 믿는지, 믿는지 당신이 어떻게 알아요? 그렇게 함부로 판단하면 안 됩니다"라는 대답은 그리 적절하지 않은 것 같습니다.

가만히 생각해 보면 일상의 대화 중에 이와 비슷한 말을 종종 듣습니다. "나는 그 사람을 그리스도인으로 여기지 않습니다." "그 사람, 예수 믿는 거 맞아요?" 이런 말들은 객관적인 증거에 의해서 그 사람들이 그리스도인이 아님을 증명할 수 있다든지, 혹은 자신이 판단의 기준이 될 수 있다고 생각해서 한 말이 아닙니다. 물론 그런 오해의 소지가 있기 때문에 한 사람의 믿음을 판단하듯이 말하는 것은 위험하겠지요. 하지만 그런 말들은 믿는 사람처럼 행동하지 않아서 믿는 사람 같지 않다는 의도에서 한 말일 것입니다.

어차피 사람의 속을 알 수 없는 인간들로서는 고백에 의해서 형제와 자매가 되는데, 행동이 고백에 맞지 않으면 당연히 고백을 의심할 수 있는 겁니다. 하지만 누구도 확정적으로 판단할 수는 없습니다.

● 고린도 교회

고린도 교회는 참으로 문제가 많았던 교회입니다. 도덕

적인 문란함도 있었고, 분쟁도 있었고, 신학적으로 심각한 논쟁도 있었습니다. 고린도 교회는 바울을 통해서 세워진 교회이지만 교인들 중에는 바울을 마땅치 않게 여기는 이들도 있었습니다. 특히 유대 지방에서 사도들의 추천서를 가지고 그 교회를 방문한 유대파 선생들은 바울의 정통성을 문제 삼았습니다. 그래서 고린도 성도들 중에는 바울의 가르침이나 그의 도덕성에 이의를 제기한 사람들도 있었습니다.

사실 바울로서는 많이 섭섭하고 화가 났을 겁니다. 무엇보다 그를 힘들게 만든 것은 그에 대한 의심이 그가 전한 복음까지 의심하게 만든 것이었습니다. 바울은 고린도전서를 가지고 갔던 디모데의 보고를 듣고는 교회의 분위기가 심상치 않다는 것을 알고 고린도 교회를 방문했습니다. 하지만 사태는 좋아지지 않았습니다. 그래서 바울은 지금은 없지만 '슬픔의 편지'(The Letter of Sorrow)라는, 아주 준엄하게 고린도 교회의 지도자들을 책망하는 편지를 보냈습니다. 너무 신랄하게 썼기 때문에 바울은 그 편지를 보낸 후 많은 근심과 후회가 있었다고 고백했습니다.

그런데 나중에 바울은 디도의 보고를 통해 지도자들이 회개했다는 소식을 들었습니다. 그 소식을 듣고 매우 기뻐서 쓴 편지가 고린도후서입니다. 그렇게 기쁨으로 쓴 편지인데, 후반부에는 다시 그들을 책망하거나 의심하는 듯한 내용이 나옵니다. 따라서 전반부와 후반부가 서로 다른 편지라고 주장하는 사람들이 있을 정도입니다.

여기서 생각해 보고 싶은 한 가지는, 바울은 자신을 그렇게 힘들게 하고 교회에 그렇게 문제가 많았음에도 그들이 형제임을 의심하지는 않아 보인다는 것입니다. 심지어 이단성이 있어 보이는 논쟁도 있었지만(부활의 문제라든지 율법적 행위를 구원의 조건으로 말한 것이라든지) 바울은 그들을 불신자로 여기지 않았고, 그들을 판단해서 치리하고 출교시키라고 권하지도 않았습니다(도덕적 문란의 경우를 제외하고).

바울은 적어도 그들에게 예수 그리스도를 주라 고백하는 믿음의 고백이 있다면 그들을 형제로 여겨야 한다고 믿었습니다. 형제이기에 책망도 가능하고 언쟁도 할 수 있습니다. 다시 말하면, 바울이 그들의 믿음을 의심하지는 않았다는 의미이겠지요. 그래서 고린도후서 1장 24절에서 바울은 이렇게 말했습니다. "우리가 너희 믿음을 주 관하려는 것이 아니요 오직 너희 기쁨을 돕는 자가 되려 함이니 이는 너희가 믿음에 섰음이라."

바울은 그들이 믿음에 서 있음을 확신했습니다. 바울 이 그것을 어떻게 알까요? 여전히 그들은 그 고백을 하고 있었기 때문입니다. 만일 누가 "나는 이제 예수를 나의 주 님으로 섬기지 않습니다"라고 했다면 바울은 그가 제자 가 아니라고 단언했을 겁니다. 하지만 행위적으로 믿음 에 합당한 모습이 잘 안 보여도 바울은 그들이 형제가 아 니라고 단언할 수 없었습니다(교회가 출교를 결정할 때까지).

● "너희는 믿음 안에 있는가
너희 자신을 시험하고 너희 자신을 확증하라"

그런데 바울은 고린도후서를 끝내면서 정말 믿음 안에 있 는지 시험해 보라고 말했습니다. 분명히 고린도후서 1장 에서는 그들이 믿음에 서 있다고 해 놓고, 이제는 믿음 안 에 있는가 시험해 보라고 한 겁니다. 그래서 어떤 사람들은 고린도후서 13장이 바울이 쓴 '슬픔의 편지'였을 것이라고 주장하기도 합니다. 같은 편지에서 하기에는 서로 잘 안 맞는 것 같기 때문이지요.

저는 그렇게 생각할 정도로 두 말이 서로 모순된다고 생각하지 않습니다. 바울이 "너희 자신을 시험하라"고 했을 때 그것은 주관적인 시험을 의미합니다. 즉 어떤 기준이 있어서 그 기준에 의해서 시험을 보고 합격하라는 말이 아니라 자기 스스로를 살펴보라는 이야기입니다. 바울이 판단해서 다른 사람의 믿음을 주관하는 것은 마땅치 않기에 스스로 돌아보라고 말한 겁니다.

그런데 무엇을 시험하고 확증해야 할까요? 이어지는 5절 하반 절에서 바울은 이렇게 말했습니다. "예수 그리스도께서 너희 안에 계신 줄을 너희가 스스로 알지 못하느냐 그렇지 않으면 너희는 버림받은 자니라." 예수님이 자기 안에 계신지 스스로 물어보라는 말인데, 이는 예수님이 주님이시라는 분명한 고백이 아직도 자기 안에 있는지 확인하라는 것입니다.

매일 불안하고, 자꾸 흔들리고, 고난과 시련이 두려워 내게 믿음이 있는지 잘 모르겠다는 사람에게 흔들리지 않는 마음의 확신이 있는가를 확증하라고 한 것이 아닙니다. 바울은 여전히 예수님이 그리스도시요, 살아 계신 하나님의 아들이시라는 고백이 있는가를 확인하라는 것입니다. 아마 우리는 틀림없이 이렇게 대답할 겁니다. "그건 믿지요. 그렇지만 너무 자신이 없어요." 그러면 바울은 말할 겁니다. "자신이 없는 것 알아요. 얼마나 두려운지도 알아요. 그런데 예수님이 여전히 주님이시지요?"

그렇다면 믿음 안에 있는가를 시험하는 것은 의심의 행동이 아니라 확인의 행동입니다. 아내가 제게 "당신, 나 사랑해?"라고 자꾸 묻는다면 그것은 제 사랑을 의심해서가 아니라 그 말이 위로이고 기쁨이 되기 때문입니다. 뭘 자꾸 묻느냐고, 지금 내 말을 의심하느냐고 역정을 낼 일이 아니라 사랑을 확인함으로 서로의 기쁨을 더하도록 하는 것이 마땅한 반응입니다. 내가 그리스도를 믿는 믿음 안에 있는가를 매일 점검해 보고 확인하는 것은 떨어질 수 있다는 가능성 때문이 아니라 기억하는 것이 에너지이기 때문인 겁니다.

● 우리는 날마다 복음을 들어야 합니다

바울은 고린도 성도들이 믿음에 서 있음을 안다고 말하
고도(고후 1:24) 이후 5장 20절에서 그들에게 하나님과 화
목하라고 했습니다. 재미있는 것은, 하나님과 화목하라
고 하면서 이어지는 21절에서 복음의 핵심을 다시 말해
마치 믿지 않는 사람에게 말하듯 했다는 것입니다. "하나
님이 죄를 알지도 못하신 이를 우리를 대신하여 죄로 삼
으신 것은 우리로 하여금 그 안에서 하나님의 의가 되게
하려 하심이라"(고후 5:21).

그리스도를 영접했으면 이미 하나님과 화목한데 또
화목하라고 하면서 복음을 전하니, 그들을 믿지 않는 자
들로 여긴 것이 아닐까 의심할 만합니다.

하지만 저는 고린도 성도들에게 다시 복음을 전한 이
일이 단순히 그들이 구원을 받지 못했거나 구원을 잃어
버렸기 때문이 아니라고 생각합니다. 이는 그들에게 복
음을 다시 상기시킴으로 복음에 합당한 삶을 살도록 청
하고 있는 것입니다. 이 복음, 즉 죄를 알지도 못하신 그
리스도를 우리를 대신하여 죄로 삼으셔서 우리로 하여금

그리스도 안에서 하나님의 의가 되게 하신 이 엄청난 화해의 사건이 바로 우리에게는 살아야 할 이유이고 생명이기 때문입니다.

이 말씀은 하나님이 허물로 죽었던 우리를 어떻게 그리스도와 함께 살리셨고, 또 함께 일으키사 그리스도 예수 안에서 함께 하늘에 앉히셨는지, 다시 말하면 우리가 어떻게 그리스도와 연합한 자가 되었는지를 기억하라는 뜻입니다(엡 2:5-6).

복음을 통한 구원은 한 번의 고백으로 끝나는 단회적인 사건이 아니라 그리스도와 연합되어 그리스도와 함께 사는 새로운 삶을 의미합니다. 이에 바울은 고린도 성도들에게 복음을 다시 말하면서 하나님과 화목하라고 말한 것입니다.

저는 저를 포함해서 모든 그리스도인이 사실은 날마다 복음을 들어야 한다고 생각합니다. 복음은 처음 믿을 때 한 번 듣고 동의하면 되는 것이 아닙니다. 우리는 그리스도께 속했지만 여전히 세상에 있기 때문에 끊임없이 자기중심적이 되고 세상에 있는 눈에 보이는 것들에 마음이 빼앗겨 살게 됩니다. 그래서 매일 복음을 들어야 하고, 매일 하나님과 화목해야 합니다.

저는 누군가 저에게 "예수님이 우리의 죄를 위해 죽으셨고 누구든지 그분을 믿는 자들에게 하나님의 자녀가 되는 권세를 주셨습니다. 이 예수님을 믿으십니까?"라고 계속해서 묻는다면 어떨까 싶었습니다. "그렇다니까요! 한 번 물었으면 되는 질문을 왜 자꾸 물어요?"라고 대답할까요?

만일 누가 그 질문을 할 때마다 감격이 되살아나서, "네, 그렇습니다. 믿습니다!"라고 뜨겁게 대답할 수 있으면 좋겠다는 생각을 했습니다. 인간의 본성상 그런 감격스러운 반응을 기대하기는 어렵겠지만 저는 그 질문 앞에 항상 진실하게 대답할 수만 있어도 좋겠습니다. 특히 제가 많이 흔들리고 세상에 빠져 있다 싶을 때 누군가가 복음을 제게 다시 전한다면 저는 다 알고 있는 내용이라고 귀를 막지 않고, 내가 목사로서 그런 것도 모를 줄 아느냐고 언짢아하지 않고, 복음 앞에서 은혜의 회복을 고대할 수 있으면 좋겠습니다.

결국 우리를 변화시키는 힘은, 우리에게 새로운 용기를 주는 근거는, 그리고 우리로 하여금 돌이켜 하나님이 기뻐하시는 삶을 살 수 있도록 감동을 주는 것은 바로 복음의 은혜이기 때문입니다. 아니, 우리가 그리스도와 연합해 그 안에 있다는 말은 정말 귀하고 아름다운 말이기 때문에 언제나 들어도 괜찮습니다.

어쩌면 "예수 그리스도를 통해 우리의 죄를 사하신 하나님과 화목하라"라는 말씀을 그리스도 안에 거하라는 의미로 듣기보다는 불신자들에게만 적용되는 말씀이라고 생각하는 것은 현대 교회가 얼마나 피상적으로 복음을 대하는지, 복음으로부터 얼마나 멀리 와 있는지를 느끼게 해 주는 것 같아서 안타깝습니다.

물론 상황과 문맥에 따라 다를 수도 있겠지만, 누군가 저에게 "목사님은 예수님이 목사님을 위해 십자가에서 죽으신 것을 믿으세요?"라고 묻는다면 "목사님, 여전히 예수님이 주님이시지요?"라는 그 말이 저에게 무례하거나 상투적인 말로 들리지 않으면 좋겠습니다. "네"라는 대답에 저의 진심이 담겨 있다면 이런 질문에 답을 할 때마다 감사가 있겠다 싶습니다.

바울이 "너희는 믿음 안에 있는가 너희 자신을 시험하라"고 한 말은 바로 이런 의미였다고 생각합니다. "예수 그리스도가 너희 안에 계신 줄을 너희가 스스로 알지 못하느냐?" "예수님 믿는 것 맞지요?"

예수님이 여러분을 위해 죽으신 것을 믿으십니까? 여러분은 오직 예수 그리스도만이 생명이며 소망이시라고 고백하십니까? 이 질문은 여러분의 고백을 의심해서 하는 질문이 아니라 정말 소중하고, 아름답고, 가장 귀하기 때문에 또 확인하고, 또 확인하며 기쁨과 위로를 경험하도록 하는 질문입니다. 시험하여 확인함은 의심이 아니라 기억하고 상기시켜 누림입니다.

Check Point

믿음 안에 있는지 시험하는 것은 테스트다. (×)

믿음 안에 있는지 시험하는 것은 주님이 자신의 구주이신지 확인하라는 것이다. (○)

나눔을 위한 질문

• 믿음 안에 있는지 시험하는 것이 확인의 행동이라는 데 동

의합니까? 스스로 믿음 안에 있는지 시험하기 위해 어떤 것
들을 확인하는지 나눠 봅시다.

- 자신이 여전히 예수님이 자신의 주님이시라고 고백하는지
어떻게 확인하면 좋을까요?

21

보지 못하고
믿는 자들은
왜 복되나요?

예수께서 이르시되
너는 나를 본 고로 믿느냐
보지 못하고 믿는 자들은
복되도다 하시니라
요 20:29

제가 학생 때 목사님들은 과학이나 철학을 공부하지 못하게 했습니다. 과학이나 철학을 공부하면 믿음을 잃어버릴 수 있다는 이유 때문이었습니다. 반지성적인 성향이 강했던 당시에는 묻고 따지는 것은 믿음에 반하는 행위라고 여겨졌습니다.

제가 성경 공부를 인도할 때 질문이 많은 분이 있었습니다. 그분이 공부 중에 자꾸 질문을 하면 연세가 많은 장로님들이나 권사님들이 좋아하지 않았습니다. 난처한 질문으로 저를 힘들게 할까 싶어서이기도 했지만 그보다는 원래 그렇게 따지고 변론해서 믿음이 생기는 것이 아니라고 생각했기 때문입니다.

보고 믿는 믿음은 참된 믿음이 아니고 보지 않고 믿는 믿음이 참된 믿음이기 때문에 이해가 안 되는 것이 있더라도 무조건 믿으라고 우리는 배웠습니다. 한편으로 생각하면 이해가 안 되는 것은 아닙니다. 이성적 사고의 결과로 믿음이 생기는 경우도 많지 않고(이해가 안 되거나 설명이 안 되는 부분들이 많으니까요), 이해된다고 믿어지는 것도 아닙니다.

그러나 믿음을 가능하게 하는 요소 중에 지식이 있다면 믿음은 반이성적일 수 없습니다. 물론 믿음에 초이성적인 면이 있음은 인정합니다. 제한된 인간의 이성적 한계로 무한하신 하나님의 섭리와 속성을 다 이해할 수는 없을 테니까요. 틀림없이 인간의 이성으로는 이해할 수 없는 부분들이 있고, 이때 한계를 뛰어넘는 믿음의 기능이 있을 테니까요. 하지만 그 한계를 인정하기까지 사고도 하지 않은 채, "어차피 이해를 못할 것이라 무조건 믿습니다"라고 말하는 것이 건강한 모습은 아닙니다.

어쩌면 교회는 믿음이 가지고 있는 초이성적인 면을 반이성적인 것으로 만들어서 교인들을 바보 신자로 만들었는지도 모릅니다. 앞과 뒤가 맞지 않고 논리적으로 허술한 점이 너무 많은데도 무조건 믿어야 한다고 했기 때문입니다. 따라서 신앙생활을 하면서도 이성적인 부분을 의도적으로 외면함으로 마음의 불편함을 덜려고 하거나, 아니면 이성적인 삶을 위해서는 신앙을 포기해야 한다고 생각했을 수도 있습니다.

● 참된 지식과 포괄적 지식

다 알아야 믿는 것은 아니지만 믿을 만큼, 즉 신뢰할 만큼의 진실한 지식은 필요합니다. 저는 제 아내를 세 번째 만났을 때 결혼하자고 했습니다. 당시 아내의 나이가 스무 살이었으니까 너무 어려서 판단력이 없었겠다 생각하는 분이 계실지 모르겠습니다. 하지만 제 청혼을 받아들일 때 아내는 결정을 할 만큼의 지식이 있었습니다.

그렇게 청혼할 당시에 저도 아내에 대해서 많은 것을 알지는 못했습니다. 모르는 것이 훨씬 더 많았습니다. 사실은 사람도 신비하고, 여자도 신비하고, 제 아내도 신비해서 33년을 살았는데도 잘 모르겠습니다.

청혼을 할 수 있었던 것은 지식의 정도 때문이 아니라 지식의 진실함에 대한 확신 때문이었습니다. 다시 말하면, 참된 지식에 대한 확신 때문이지 포괄적 지식의 습득 때문은 아니었다는 말입니다. 첫눈에 반했다고 무조건 결혼하자고 하지는 못할 겁니다. 그 사람이 '그 사람'일 것이라는 확신이 있어야 합니다. 결혼한 후에 얻게 되는 아내에 대한 지식은 관계가 깊어지도록 하기 위한 과정에 속할 뿐이고, 관계를 다시 생각하게 할 만큼 치명적이지 않았습니다. 분명한 것은 저의 신뢰는 지식에 근거했다는 점입니다.

우리가 예수님을 믿겠다고 고백할 때 그분이 누구이시고 어떤 일을 하셨는지에 대해 상세히 알아야 하는 것은 아닙니다. 예수님의 생신이 12월 25일이 아니라고 해서 그분에 대한 신뢰에 문제가 생기는 것도 아니고, 예수님이 이 땅에서 입으신 육신이 어떤 형태였는지를 모른다고 해서 그분을 향한 믿음에 지장이 생기는 것도 아닙니다. 자세히 알면 좋겠지만 관계를 결정해 주는 지식은 아니라는 의미이지요.

하지만 거짓이나 속임이 있어서는 안 됩니다. 이성적으로 이해하려고 하고 설명해 보려고 애를 쓰는 것은 이미 주어진 지식에 의해서 관계를 시작한 사람들에게는

관계에서 비롯된 관심일 뿐이지, 관계를 시작하기 위한
필요조건은 아닙니다.

● 도마의 의심

도마의 의심을 어떻게 생각하십니까? 도마에게 주어진
'의심 많은 제자'라는 오명이 억울하겠다는 생각을 해 보
신 적 없습니까?

　예수님이 십자가에 못 박히신 후 이틀이 지났지만 제
자들은 아직도 그 충격에서 벗어나지 못하고 있었습니
다. 정말 끔찍하게 처형을 당하시는 주님을 멀리서 지켜
보았던 제자들은 이제 다음 차례가 자기들인 것 같아서
두려움으로 가득 차 함께 모여 있었습니다.

　그런데 바로 그곳에 부활하신 주님이 나타나셨습니
다. 아마도 그들은 환상을 보는 줄 알았을 겁니다. 믿을
수가 없어서 구석에 모여 벌벌 떨기만 하고 있었나 봅니
다. 주님은 그들에게 다가가 손과 옆구리를 보여 주셨습
니다. 그제야 제자들은 자기들 앞에 계신 분이 부활하신

주님인 줄을 알았습니다. 당시 거기에 모여 있던 제자들에게는 말로 형용할 수 없는 감동과 충격을 안겨 준 경험이었습니다.

그런데 그 자리에 도마가 없었습니다. 나중에 도마를 만난 제자들은 모두 하나같이 마치 새사람이 된 것처럼 흥분과 감동을 주체하지 못하고 자신들이 본 부활하신 주님을 설명하고 묘사했습니다. 이럴 때 열 사람이 흥분하면 할수록 도마가 얼마나 소외감을 느끼고 분해했을지 우리는 어렵지 않게 짐작할 수 있습니다.

주님을 보았다는 친구들의 증언에 당혹해하던 도마가 마침내 입을 열었습니다. "내가 그의 손의 못 자국을 보며 내 손가락을 그 못 자국에 넣으며 내 손을 그 옆구리에 넣어 보지 않고는 믿지 아니하겠노라"(요 20:25). 부활하신 주님의 손과 옆구리를 보았다는 제자들의 흥분된 증언에 한술 더 떠서 자기는 직접 손을 넣어 보지 않고는 못 믿겠다고 했습니다. 제자들이 보았다는 것을 부정한 것이 아니라 그들이 헛것을 보았을지 모른다고 말한 것이지요.

도마가 유달리 의심이 많은 사람입니까? 손가락을 못 자국에 넣어 보아야 믿겠다는, 철저하게 증명된 것이 아니면 안 믿는 지나친 합리주의자입니까? 예수님의 제자들 중에 주님의 부활을 원래 믿고 있었기 때문에 부활하신 몸을 보고도 시큰둥한 반응을 보일 수 있는 사람은 아무도 없었습니다. 베드로와 요한도 무덤이 비어 있는 모습을 목격했지만 주님이 부활하셨다고는 믿을 수 없었습니다. 그런 그들이 흥분한 이유는 주님이 부활하신 몸을 제자들에게 보여 주셨기 때문입니다.

그런데 제자들 중에 도마만 주님을 만나지 못했습니다. '직접 옆구리에 손을 넣어 보지 않고는 믿지 않겠다'는 도마의 말은 단순히 다른 제자들을 의심해서 한 말이 아니고, 그가 다른 사람들보다 더 의심이 많고 이성적인 사람이기 때문은 아닐 것입니다. 그 위기의 상황에서 제자들의 눈빛과 목소리를 들으면 그들이 장난을 하고 있는 것인지, 거짓을 말하고 있는 것인지 누구라도 알 수 있었을 것입니다. 몇 년을 함께 살았는데 동료들의 말을 믿지 않겠습니까?

다만 도마도 보고 싶었습니다. 도마도 부활하신 주님을 만나고 싶었습니다. '옆구리에 손을 넣어 보지 않고는 믿지 않겠다'는 말은 불신의 말이 아니라 믿음의 말입니다. 주님을 사랑하고 믿기 때문에 도마도 부활하신 주님을 너무 보고 싶었던 것입니다.

저는 주님이 도마에게 친히 부활의 몸을 보여 주시지 않았어도 도마는 주님을 따르고 동료들과 함께 십자가의 길을 갔을 것이라고 믿습니다. 제자들의 증언과 그 이후에 완전히 달라진 그들의 삶을 보면서 도마는 주님의 부활을 믿었을 것입니다.

오순절 성령 강림 때 도마도 다른 제자들과 함께 성령의 충만함을 받고 교회의 기초를 놓는 일을 감당할 능력을 받았을 겁니다. 제자들로 하여금 사역을 감당하도록 한 것은 부활하신 주님을 목격한 사건이 아니라 오순절 성령 강림 사건이었으니까요. 그 이후 제자의 길을 간 수많은 사람이 다 부활을 목격했기 때문은 아니니까요.

후세 사람들은 이 사건 때문에 도마를 '의심 많은 제자'로 불렀습니다. 성경에 기록된 도마의 여러 말들을 보아 논리적인 사람이었을 것이라는 짐작은 맞을지 몰라도, 이 사건 때문에 그를 '의심 많은 제자'라고 부르는 것은 도마에게는 참 억울하겠다 싶습니다. 도마가 아니라 누구라도, 다른 제자들은 다 주님의 부활하신 몸을 보았는데 자기만 보지 못했다면 소외감을 느끼고 자기도 확인해 보고 싶은 마음을 가졌을 겁니다.

　도마도 주님을 보고 싶었습니다. 그런 열망을 의심이라고 해야 할까요? 부활하신 주님이 기왕이면 제자들이 다 있을 때 나타나셔야지 왜 하필이면 도마가 없을 때 나타나셨는지 섭섭해하는 것이 오히려 당연하지 않겠습니까? 도마는 예수님을 믿지 못하는 것도 아니고, 예수님이 부활하셨다는 사실을 확인하기 전에는 절대로 믿을 수 없다고 말한 것도 아닙니다. 그는 한 번도 경험한 적이 없는 엄청난 사건에 관한 소식에 머리로는 도저히 이해할 수 없는 자신의 한계를 느꼈고, 자신도 부활하신 주님을 보고 싶다는 열망을 표현한 것입니다.

● 주님의 나타나심

그런 도마에게 예수님이 나타나셨습니다. 그리고 부활하신 몸을 보여 주실 뿐만 아니라 창에 찔린 옆구리에 직접 손을 넣어 보라고 하셨습니다. 도마가 직접 손을 넣어 보았는지는 정확히 알 수가 없지만, 저는 넣지 않았다고 생각합니다. 성경이 그가 손을 넣었다고 기록하고 있지 않을뿐더러, 도마는 주님이 부활하신 사건을 이성적으로 믿을 수 없어서 옆구리에 손을 넣어 보아야 믿을 수 있다고 말한 것이 아니었기 때문입니다.

주님을 보자 도마는 고백했습니다. "나의 주, 나의 하나님!" 그리고 예수님은 도마에게 말씀하셨습니다. "너는 나를 본 고로 믿느냐 보지 못하고 믿는 자들은 복되도다."

이 사건을 유일하게 기록한 사도 요한은 어떤 의도로 이 사건을 소개한 것일까요? 재미있는 것은, 요한은 이 때를 성령 강림의 때로 설명했습니다(요 20:22). 주님이 주님의 말씀을 깨닫고 믿게 하기 위해 보내겠다고 약속하신 보혜사 성령을 보내신 사건으로 기록했습니다. 따라서 제자들의 믿음은 부활을 목격한 데서 비롯된 것이 아니라 성령의 강림에서 비롯되었음을 강조한 것입니다.

도마의 이 사건은 아주 특별한 교훈을 우리에게 주고 있습니다. "나의 주, 나의 하나님"이라는 고백은 부활하신 주님의 몸을 눈으로 보고 손으로 만져 볼 수 있을 때 하는 것이 아닙니다. 성령이 하시는 일입니다.

주님의 다른 제자들도 부활하신 주님의 몸을 보았기

때문에 목숨을 바쳐 충성할 수 있었고, 도마도 마침내 주님의 부활하신 몸을 보았기 때문에 "나의 주, 나의 하나님"이라고 고백할 수 있었던 것이 아닙니다. 만일 그렇다면 주님이 "보지 못하고 믿는 자들은 복되도다"라고 하셨지만, 사실 "주님의 부활하신 몸을 볼 수 없어서 믿을 수 없다"는 사람들의 고백이 정당한 것이 됩니다.

"보지 못하고 믿는 자들은 복되도다"라는 말씀은 단순히 도마에게만 하신 말씀이 아니라 그 이후 교회들에 하신 말씀입니다. 성령의 도우심으로 예수님을 "나의 주, 나의 하나님"이라고 고백할 수 있는 믿음이 중요한데, 이 고백은 비록 보지 못했어도 할 수 있습니다. 이것은 예수님이 약속하신 보혜사 성령이 하시는 일입니다. 성령이 임하시면 부활하신 주님을 향해 "나의 주, 나의 하나님"이라고 고백할 수 있습니다.

● 의심이 이성적 활동이라면

저는 도마가 다른 제자들보다 더 의심이 많았다고 생각

하지 않습니다. 다른 제자들과 도마의 차이는 부활하신 주님을 보았는가, 보지 않았는가의 차이이기 때문입니다. 요한은 이 사건을 통해서 그 이후의 교회에게 단순히 의심(이성적 활동으로서)을 하면 안 된다고 말한 것이 아니라 "주님의 부활이 신앙의 근거와 중심이 되어야 한다"고 이야기한 것입니다.

그래서 저는 도마의 의심을(사실 도마의 사건을 다루고 있는 요한복음의 기록에는 '의심'이라는 단어가 나오지 않습니다) 주님을 만나고 싶고 확인하고 싶은 열망이라고 생각했습니다. 주님을 더 알고 싶고 하나님의 성품과 계획을 좀 더 분명히 알고 싶어서 다시 확인하고, 다시 짚어 보고, '정말 그러한가?' 묻는 모습은 의심하는 모습이 아닙니다. 그런 이성적인 활동을 의심이라고 부른다면 저는 의심을 하겠습니다.

우리는 터무니없는 이야기를 무조건 믿는 사람들이 아닙니다. 터무니없어 보이는 것은 반이성적이라서가 아니라 초이성적이라서 할 수 있는 만큼 이해하고, 납득하고, 설명하려고 애를 씁니다. 좀 더 잘 알아서 제대로 믿고 싶어서 말이지요. 그렇지만 우리에게는 분명한 믿음이 있습니다. 그래서 비록 주님의 부활하신 몸을 보지 못했어도, 그 옆구리에 손가락을 넣어 보지 않았어도 부활하신 주님을 향해 "나의 주, 나의 하나님"이라고 고백합니다. 이성적인 활동이 없어서 믿음이 아니라 부활하신 주님을 믿어서 믿음입니다.

Check Point

보고 믿는 믿음은 참된 믿음이 아니다. (×)	보지 않고 믿는 것은 성령이 하시는 일이다. (○)
믿음을 가능하게 하는 '지식'이라는 것이 있다면 믿음은 반이성적이다. (×)	지식이 있어도, 믿음은 반이성적이기보다는 초이성적이다. (○)

나눔을 위한 질문

- 도마의 의심에 대한 당신의 솔직한 생각은 어떻습니까? 도마가 믿음이 없다고 생각합니까?
- 보지 않고 성령의 도우심으로 '믿은' 일이 있습니까?

22

주님이 올 때까지
어떻게 믿음을
지키나요?

내가 너희에게 이르노니
속히 그 원한을 풀어 주시리라
그러나 인자가 올 때에 세상에서
믿음을 보겠느냐 하시니라

눅 18:8

질문하는 사람의 의도는 다양합니다. 설교를 할 때 묻는 질문은 청중의 대답을 기대하기보다는 이야기를 이어 가기 위한 수사학적인 기법인 경우가 많습니다. 그럴 때는 누군가가 대답을 하면 질문한 사람이 오히려 당황하게 되지요. 사도 바울이 당시 방언으로 시끄러웠던 고린도 성도들에게 "다 사도이겠느냐? 다 선지자이겠느냐? 다 방언을 말하는 자이겠느냐?"라고 한 질문도 마찬가지입니다. 이미 모든 사람이 이 질문에 대한 답을 알고 있다고 전제하고 논리를 전개해 가기 위한 수사학적인 질문인 것입니다.

또한 질문을 하는 이유는 답을 알기 위해서가 아니라 청중을 자극해서 합당한 반응을 보이도록 하기 위해서일 수도 있습니다. 바울이 로마서에서 자주 사용했던 종류의 질문이 있습니다. 그는 행위가 아닌 은혜로 받은 구원에 관해 말한 후에 로마서 6장 1절에서 "그런즉 우리가 무슨 말을 하리요 은혜를 더하게 하려고 죄에 거하겠느냐"라고 물었습니다. 당연히 은혜로 죄 사함을 받았다고 함부로 살라는 것이 아님을 확인하려는 것입니다. 그러니까 행위를 강조하기 위함이 아니라 은혜를 바로 이해하도록 하기 위함인 겁니다.

그런데 어떤 질문은 답을 원하는 것인지, 아니면 수사학적인 기법인지, 또는 반응을 기대하는 자극인지 애매한 경우가 있습니다. 대화 중이라면 "지금 저한테 물으신 거예요?"라고 확인하면 되는데, 이미 지나간 질문을 숙고하거나 해석해야 하는 경우에는 어쩔 수 없이 그 의도를 짐작하거나 추론해 보아야 합니다.

주님이 누가복음 18장 8절에서 하신 질문은 어떤 의미일까요? "내가 너희에게 이르노니 속히 그 원한을 풀어 주시리라 그러나 인자가 올 때에 세상에서 믿음을 보겠느냐." 주님이 기대하시는 믿음은 이 세상에서 볼 수 없다는 의미일까요, 아니면 그런 믿음을 보일 수 있도록 힘쓰라는 뜻일까요? 다양한 해석이 있어서 단언하기는 쉽지 않겠지만, 그래도 주님이 말씀하신 의도를 짐작하기 위해서는 이 말씀을 하신 문맥을 좀 살펴볼 필요가 있습니다.

● 강청하는 기도

주님은 누가복음 17장에서 세상에 임할 환난에 관해 말씀하셨습니다. 바리새인들이 하나님 나라가 어느 때에 임하는지 물었을 때 주님은 주님의 오심으로 이미 하나님 나라가 임했다고 말씀하셨습니다. 그 후 주님이 다시 오시기 전에 어떤 일들이 발생할지에 관한 구체적인 답은 제자들에게만 해 주셨습니다. 요약하자면, "환난과 핍박이 있겠지만 끝까지 믿음을 지켜야 한다"라고 볼 수 있습니다.

그러고 나서 주님은 '과부와 재판관의 비유'를 말씀하셨습니다. 이 비유는 누가복음에만 나오는데, 누가는 주님이 이 비유를 말씀하신 이유가 "항상 기도하고 낙심하지 말아야 할 것"(눅 18:1)을 가르치시기 위해서였다고 설명했습니다.

저는 이 비유에 정말 오해가 많다고 생각합니다. 이 비유는 낙심하지 말고 기도해야 할 이유를 말하는 것이지, 우리가 원하는 대로 기도가 응답되도록 하기 위한 방법을 말하지 않습니다. 그러니까 이 비유의 배경에는 환난의 때에도 주님의 오심을 기다리며 끝까지 믿음을 지키는 사람들이 있다는 사실을 잊어버리면 안 됩니다. 이제 비유를 살펴보겠습니다.

어떤 도시에 하나님을 두려워하지 않고 사람을 무시하는 재판관이 있었습니다. 그는 불의한 재판관이었습니다. 주님은 그가 불의하다는 점을 강조하셨습니다. 그런데 그 마을에 어떤 이유인지는 모르지만 원한이 있는 한 과부가 있었습니다. 주님은 그녀가 불쌍한 사람임을 강조하셨습니다.

과부는 너무 힘들고 억울해서 재판관을 찾아가 사정을 했습니다. 공의를 요청한 것입니다. 이럴 때 재판관은 즉각적으로 공의를 베풀어야 합니다. 그런데 과부의 원한을 풀어 주지 않았습니다. 그 이유는 사람을 무시하고 하나님을 두려워하지 않았기 때문입니다. 공의에는 관심이 없었기 때문이지요. 그러다가 혼자 생각합니다. 그리고 말합니다. "내가 하나님을 두려워하지 않고 사람

을 무시하나 이 과부가 나를 번거롭게 하니 내가 그 원한
을 풀어 주리라 그렇지 않으면 늘 와서 나를 괴롭게 하리
라"(눅 18:4-5).

이렇게 못된 재판관을 보셨습니까? 이런 재판관을 경
험해 보신 적이 있습니까? 공의를 위해서가 아니라 자기
가 귀찮아서 들어주겠다고 했습니다. 과부가 불쌍해서
가 아니라 자기의 편리를 위해서 들어주겠다고 했습니
다. "아무튼 원한을 풀어 주었으니 되었다"고 말한다면
주님의 비유를 제대로 이해하지 못한 것입니다.

이 비유를 보면서 사람들은 재판관과 하나님을 비교
(comparison)해서 이해하기도 합니다. 그런데 비교해서 보
면 하나님은 불의한 재판관보다 더 불의해지십니다. 하
나님이 우리의 형편은 아랑곳하지 않고 계속해서 구하면
귀찮아서 들어주시는 분이 되기 때문입니다.

사실 우리 중에는 3년도 기도하고, 5년도 기도했는데
하나님이 원한을 풀어 주시지 않아 힘든 사람들이 제법
많습니다. 계속 기도하다 보면 들어주심을 강조하기 위
해서 주님이 이 비유를 말씀하셨다면, 제 생각에는 그리
적절한 비유가 아닙니다. 이 비유는 재판관과 하나님을

비교하는 것이 아니라 대조(contrast)하고 있다고 저는 생각합니다. '이처럼'이 아니라 '이와는 달리'로 보아야 한다는 것이지요.

불의한 재판관이 귀찮아서 들어주었다면 우리 하나님은 우리의 원한을 다 알고 계시는 분입니다. 우리의 신음도 들으시는 분입니다. 그러니까 우리가 강청해서 기도해야 한다면 그것은 자꾸 기도하면 하나님이 원한을 풀어 주실 것이라는 믿음 때문이 아닙니다. 그것은 우리의 기도 중 하나도 땅에 떨어지지 않을 것이고 하나님이 우리의 모든 기도를 들으신다는 믿음 때문입니다.

물론 우리는 언제 하나님의 날이 임할는지 알지 못합니다. 하지만 그것도 하나님의 손에 있음을 안다면 요한계시록 6장에 나오는 순교자들의 기도가 우리의 기도가 될 수밖에 없습니다. 순교자들은 "우리 피를 갚아 주지 아니하시기를 어느 때까지 하시려 하나이까"(계 6:10)라고 물었습니다.

그들에게 주어진 대답이 의미심장합니다. "아직 잠시 동안 쉬되 그들의 동무 종들과 형제들도 자기처럼 죽임을 당하여 그 수가 차기까지 하라"(계 6:11). 아직 고난당할 사람들, 순교할 사람들이 더 있으니 그때까지 낙심하지 말라는 것입니다. 고난과 순교를 당하지 않도록 기도하라는 것이 아니라 주님의 때까지 인내하도록 기도하라는 말이지요. 환난과 어려움이 있지만 그날이 오기까지 낙망하지 말고 하나님을 바라라는 말입니다. 이미 순교를 당해 하나님 나라의 도래를 고대하는 순교자들에게는 "아직 잠시 동안 쉬라" 말씀하시지만, 아직 이 땅에서 위험 가운데 믿음의 여정을 가야 하는 성도들에게는 "낙망하지 말고 기도하라"고 말씀하신 것입니다.

● "인자가 올 때에 세상에서 믿음을 보겠느냐"

학자들 중에는 "인자가 올 때에 세상에서 믿음을 보겠느냐"라는 말씀에서 '믿음'이 정관사를 사용하고 있어서 주님이 재판관과 과부의 비유를 통해서 말씀하신 믿음을 구체적으로 언급하신 것이라고 강조하기도 합니다. 그러니까 이 믿음이란 막연하게 예수 그리스도를 믿는 믿음이 아니라 환난이 있지만 환난의 때에도 낙심하지 않

고 끝까지 하나님 나라를 바라보며 살도록 하는 믿음을
가리킨다는 것입니다.

즉 이 믿음은 낙망하지 않고 끝까지 기도해서 원하는
것을 얻어 낼 수 있는 믿음이 아닙니다. 틀림없이 낙망하
지 말고 기도하라고 강조하지만, 중요한 것은 무엇을 위
해서 낙망하지 않는가 하는 것입니다.

저는 하나님이 우리의 기도를 들어주시고, 제법 긴 시
간이 지나고 난 후에 우리가 기도하던 것을 이루어 주시
는 경우도 있음은 인정합니다. 그런데 주님이 그런 믿음
을 기대하시거나 그렇게 끝까지 기도해서 원하는 것을
받아 내는 사람이 있을까를 걱정하고 계시다고 보기는
어렵습니다.

하나님이 우리의 기도를 들으신다는 확신은 기도한
것들이 이루어짐을 통해서 확인되는 것이 아니라 하나님
의 약속에 대한 믿음을 통해서 확인됩니다. 결국 중요한
것은 '우리의 기도를 과연 하나님이 들으시는가?' 하는 것
입니다. 특히 극심한 고난 중에 핍박과 심지어 순교의 위
험을 느끼는 상황에서 기도한다면 더더욱 하나님이 우리
의 기도를 들으신다는 확신이 필요합니다. 이 확신이 믿

음입니다. 우리는 그 믿음으로 낙망하지 않고 지속적으로 하나님을 바라봅니다.

물론 위험을 거두어 달라고 기도할 수 있습니다. 우리 주님도 고난의 긴장과 슬픔 가운데 고난의 잔을 거두어 달라고 기도하셨으니까요. 하지만 그리스도인들에게 중요한 것은 고난의 실재와 부재가 아니라 하나님의 임재와 부재입니다. 하나님의 임재를 느낄 수 있다면 고난 중에도 하나님의 뜻이 이루어지기를 기다릴 수 있습니다. 사망의 음침한 골짜기를 지날지라도 해를 두려워하지 않는 이유는 그 해가 사라질 것이기 때문이 아니라 주께서 함께하시기 때문입니다(시 23:4).

주님은 불의한 재판관과 과부의 비유를 말씀하신 후에 "인자가 올 때에 세상에서 믿음을 보겠느냐"라고 말씀하셨습니다. 저는 주님이 아주 부정적으로, '이런 믿음을 가진 사람은 없다'는 의미에서 하신 말씀이 아니라고 생각합니다. 다시 말씀드리면, 그런 사람은 없다거나 드물다는 의미가 아니라 그것이 진정한 믿음이라는 의미에서 말씀하셨다는 것이지요. 극심한 환난 중에도 낙망하지 않고 끝까지 하나님의 약속을 붙들고 주님이 오실 때까지 하나님과 동행하는 것이 참 믿음이 아니겠느냐고 말씀하신 것입니다.

주님이 오실 때까지! 기도가 응답될 때까지가 아니라 주님이 오실 때까지입니다. 주님이 오실 때까지라면 진정으로 그 기도는 낙망하지 않는(persistent) 기도, 즉 지속적인 기도라고 할 수 있습니다. 믿음으로 고난이 편해지거나 두려워지지 않는 단계에 이르는 것이 아니라면, 믿음으로 하는 기도의 만료 기간은 원하는 것을 이룰 때가 아니라 주님이 오실 때입니다. 인자가 다시 오실 때, 주님이 우리를 부르실 때 그 순간까지 낙망하지 않고 주를 붙들고 있을 때 우리 주님이 "내가 그 믿음을 보았다" 말씀하실 것입니다.

● 믿음은 여정입니다

여러 번 언급한 대로 믿음을 지적인 동의로 여기다 보면 우리는 믿음을 어떤 순간의 결정으로만 생각하게 됩니다. 만일 세례가 상징하는 것처럼 새로운 인생으로의 입문을 의미한다면 믿음을 순간의 결정으로 보는 것도 잘못되었다 말할 수 없습니다.

그런데 믿음의 기능은 거기까지가 아닙니다. 믿음은 거기서 시작을 하는 것이지 거기서 끝나는 것이 아닙니다. 비록 그 일을 시작하신 분이 성령이시라 그 결과가 보장되었다 할지라도, 천국에 들어갈 수 있는 입장권을 받았기 때문에 혹은 하늘의 시민권을 받았기 때문에 끝난 것이 아닙니다. 일단 입장권을 받았으니까 이 땅에서 대충 살아도 되는 것이 아닙니다. 천국에 들어갈 때까지의 긴 여정이 남아 있지요. 그 긴 여정도 믿음으로 걸어가야 하는 길입니다.

우리는 주님이 말씀하신 비유를 보면서 주제가 "낙망하지 않는 기도"라고 생각합니다. 하지만 제가 이해하기에 이 비유는 기도 이야기가 아니라 믿음 이야기입니다. 주님은 이 비유의 의도를 설명하시면서도 '항상 기도하고 낙심하지 말아야 할 것'을 말씀하셨지, '낙망하지 않는 기도'를 말씀하시지 않았습니다. 복잡하지요? 조금 더 설명을 드리겠습니다.

대부분의 영어 성경 번역이 그렇지만 ESV 성경을 인용하자면, "… they ought always to pray and not lose heart"라고 번역했지, "⋯ they ought always pray not to lose heart"라고 번역하지 않았습니다. 즉 낙망하지 않는 기도가 아니라 기도하는 것과 낙망하지 않는 것을 무엇인가의 두 가지 요소로 소개한다는 뜻입니다. 그렇다면 이 둘은 무엇을 설명하는 것일까요?

주님이 비유의 끝에 "믿음을 보겠느냐"라고 말씀하셨다면, 결국 주님이 말씀하신 것은 믿음입니다. 항상 기도하는 믿음, 낙망하지 않는 믿음 말입니다. 하나님의 약속을 믿고 예수 그리스도의 다시 오심을 기다리며 살아 내는 믿음 말이지요.

우리는 '왜 나는 고난 앞에 초연할 수 있는 믿음이 없는가?' 하며 탄식합니다. 하지만 믿음이 낙심하지 않아야 하는 여정이라면, 그렇기 위해서 항상 기도해야 하는 여정이라면 믿음이 없음을 탄식하기보다는 믿음으로 살아 낼 수 있도록 기도를 멈추지 않는 것이 마땅합니다.

하나님의 약속을 붙들고 예수 그리스도를 주님으로 믿고 고백한 많은 사람에게 그 믿음을 지키며 사는 일은 정말 힘들었습니다. 끊임없이 유혹과 의심에 빠지고 흔들리는 자신의 약한 모습 때문만이 아니라 감당하기 어려운 시련과 고난의 환경도 쉽게 극복되지 않았습니다. 그렇게 살아야 하는 제자들에게 우리 주님은 불의한 재판관과 과부의 비유를 말씀하시면서 "내가 다시 올 때까지 믿음으로 살아 내라" 말씀하셨습니다.

악인의 형통과 의인의 고난으로 혼란스러워할 때 "의인은 믿음으로 살리라"라는 주님의 음성을 들었던 하박국 선지자의 고백은 우리에게 익숙합니다(합 2:4). 의인은 믿음으로 산다는 말씀에 반응하는 하나님의 사람의 고백에서 우리는 가슴 저미는 치열함을 느끼고, 기도 없이는 갈 수 없는 믿음의 긴 여정을 봅니다. "비록 무화과나무가 무성하지 못하며 포도나무에 열매가 없으며 감람나무에 소출이 없으며 밭에 먹을 것이 없으며 우리에 양이 없으며 외양간에 소가 없을지라도 나는 여호와로 말미암아 즐거워하며 나의 구원의 하나님으로 말미암아 기뻐하리로다"(합 3:17-18).

이 고백과 함께 주님의 비유를 묵상해 보시기 바랍니다. 이 비유는 원하는 것을 이룰 때까지 멈추지 않고 기도하면 하나님이 귀찮아서라도 들어주실 것이라는 의미일 수 없습니다. "내가 올 때에 그 믿음을 볼 수 있을까?"

라는 주님의 질문은 권면과 위로입니다. 우리는 그 음성을 듣고 하박국 선지자처럼 믿음의 여정을 계속 하는 것입니다.

Check Point

과부와 재판관 비유는 항상 기도하고 낙심하지 말 것을 가르치기 위해서다.	⇨	과부의 강청도 재판관이 들었다면 하나님은 우리의 끊임없는 기도를 다 들으신다.
재판관이 과부의 원한을 풀어준 것은 공의가 아니라 과부가 자신을 귀찮게 했기 때문이다.	⇨	하나님은 우리의 기도를 귀찮아하지 않는 사랑의 하나님이시다.
낙망하지 말고 끝까지 기도해서 원하는 것을 얻어 내라. (×)	⇨	낙망의 순간에도 하나님의 때까지 믿음으로 인내할 수 있도록 기도하라. (○)
마지막 때 믿음은 단순히 그리스도를 믿는 믿음을 가리키는 것이다. (×)	⇨	고난 중에도 주님의 때까지 인내하도록 기도하라는 말이다. (○)

- 불의한 세상에서 주님은 왜 우리에게 낙심하지 않고 기도하라고 하셨습니까?

- "의인은 믿음으로 살리라"는 말씀에 따르면, 악인의 형통과 의인의 고난 중에 우리는 어떤 기도를 드리며 믿음의 여정을 계속해야 합니까?